Das Überlebensbuch für werdende Väter

Von Lügen und Wahrheiten, auf die Euch keiner vorbereitet hat

von

Frank McCormick

Alle Rechte bei Frank McCormick © 2018

Nachdruck, Auszüge, Editionen ohne eingeholte schriftliche Genehmigung des Autors sind nicht erlaubt.

4. Auflage 2021

Covergestaltung

Wolkenart – Marie-Katharina Wölk
www.wolkenart.com

Haftungsausschluss:

Dieses Werk wurde sorgfältig verfasst und seine Aussagen geprüft. Es wird aber keine Garantie übernommen über den Umfang und Wahrheitsgehalt des Inhalts, noch wird gewährt, dass der Content auf der Höhe der Zeit ist oder bleibt. Schließlich handelt es sich um persönliche Erfahrungen des Autors und den Ausdruck seiner Überzeugungen, die sämtlich nur dem Ziel dienen sollen zu unterhalten. Dies ist darum kein medizinischer Ratgeber oder Familienleitfaden. Darum muss der Autor jede juristische Verantwortung für Nachteile oder sonstige schädliche Auswirkungen von sich weisen, die bei Nachahmung oder auch ausdrücklicher Vermeidung einer Befolgung durch den Leser entstehen könnten.

Wie sinnvoll ist ein Vorwort zum Buch?

Ist ein Vorwort nur Seitenschinderei? Soll man als Hobbyautor sein eigenes Buch mit einem Vorwort versehen? Ich habe echt keinen Plan grade!

Vorwort oder kein Vorwort – das ist hier die Frage. Als Leser können Vorwörter nerven, da will man doch gleich zur Sache kommen. Doch als Möchtegernschreiberling verfasst man dann vielleicht selbst welche. Wann ist ein Vorwort überflüssig, wann kann es Sinn machen? Und bei der Gelegenheit: Gilt das Gleiche auch für Widmungen, Danksagungen und Nachwörter?

Kann man sich Tolkiens „Herr der Ringe" ohne Prolog vorstellen? Man kann sich alles vorstellen, aber der Prolog wird geliebt, gerade von Schauspielern. Fachbücher kommen kaum ohne ein Vorwort aus, meist ein sehr langes, in dem etwa die Untersuchungsmethoden vorab dargelegt werden. Geschichtliche Werke, auch Belletristik mit historischem Hintergrund, betten die Autoren oder Herausgeber gerne in das jeweilige geschichtliche Umfeld ein, in die Zeit vorher und nachher. Und nicht wenige dieser Bücher haben ellenlange Anmerkungen am Schluss des Buches, Ahnentafeln und dergleichen. Da ist man meist dankbar dafür, auch wenn ich mir angewöhnt habe, oft erst das Buch zu lesen und das ganze Drumherum hinterher. Aber das soll kein Maßstab sein. Mich erstaunt selbst, dass ich alle meine bisherigen Bücher mit einem Vorwort versehen habe. Ich kann die Frage mit dem Vorwort nicht beantworten, aber ich kann einige Dinge niederschreiben, welche mir bei der Fertigstellung dieses Buches geholfen haben.

Da wäre zum einen mein nagelneuer Kaffeevollautomat von Siemens. Eigentlich viel zu teuer, aber ich gehe ja schließlich davon aus, dass dieses Buch ein Bestseller wird! Das Teil nimmt zwar irre viel Platz in der Küche weg, aber es nützt ja nix! Oder aber die „Bretterbude" in Heiligenhafen. Dort – nach einem super tollen Frühstück – habe ich immer noch länger im Essensraum gesessen und beim Blick auf die Ostsee am Buch geschrieben. Das Personal in der „Bretterbude", aber auch im „Beach Motel" nebenan ist einfach nur grandios, aufmerksam und irre freundlich. Essen tue ich am liebsten mit meiner Frau im „Tschebull" an der Hamburger Mönckebergstraße. Auch hier hat es mir der Service angetan, besser geht's nicht. Ich bedanke mich bei der Deutschen Bahn für die vielen Ausfälle, Verspätungen und verschmutzten Züge und werde nie nachvollziehen können, wieso unsere Politiker dem nichts entgegenzusetzen haben.

Ein richtiges Vorwort war das jetzt bestimmt nicht, aber schließlich schreibe ICH das Buch und kann selbst entscheiden, was drinstehen soll!

Beste Grüße, Frank

Inhaltsverzeichnis

Von Überraschungen bei der Geburt 1
   Ähnlichkeiten auf der Spur 1
   Die visuelle Konfrontation mit der Wirklichkeit 2

Das Vatersein 3
   Der Job ruft auch den frischen Vater mal zurück 3
   Freiräume mit oder trotz Baby 6
   Märchenstunde ohne Märchen 9
   Rückenschmerzen vermeiden 11

Vaters Job: Dokumentieren, was das Zeug hält 14
   Es darf gepixelt werden 14
   Babyfotos für die Ewigkeit – 3 Tipps dafür 16
   Movie mit dem Kinderstar 17
   Kleine Filmschule für Babyfilmer 19

Die Mutter, deine Partnerin 20
   Musst du jetzt die Gebrauchsanweisung für deine Partnerin umschreiben? 20
   Sag Goodbye zum Faszinosum 22
   Natürliche Nippel oder solche aus Gummi? 24
   Die berüchtigte Launenhaftigkeit der Mutti 26

Partnerschaft in frischer Familie 27
   4 Goldene Regeln für die junge Familie 27
   My Bed is my Castle 29
   Zurück ins Liebesleben 32

Von Besuchern und Vierbeinern 36
   Adminrechte gegenüber Dritten ausüben 36

    Umgang mit bellenden Vierbeinern 37

    Umgang mit miauenden Vierbeinern 40

Ausstattung und ihre Handhabung 42

    Kein Anschluss unter dieser Nummer – aber immer ein offenes Ohr 42

    Augen auf beim Kinderwagenkauf 43

    Dresscode für Babys 47

Umgang mit Neugeborenen 50

    Das Baby mal antesten 50

    Richtiges Halten des Babys 53

    Wenn das Bäuerchen zur Gewohnheit wird 55

    Windeln ohne Beißzange anfassen 57

    Reflex-Spiele für das Baby 59

    Ein Monat ist vorbei – die erste Krise folgt 61

    In die Wanne mit dem Nachwuchs 63

    Wie das Baden abläuft 65

    Wie du verhinderst, dass dir das Baby wegflutscht 67

    Tränen und Geheul – richtig damit umgehen und die 6 Bedürfnisse
    herausfinden 69

    Hinhalten, Vertrösten, Besänftigen, Ablenken 72

    Babynostalgie 75

    Wenn die dunkle Stunde kommt 76

    Mit Koliken umgehen 78

    Überzeugungsarbeit an der Milchpumpe 80

    Wohin mit gewonnener Muttermilch? 82

    Was du vor der ersten Flasche wissen musst 84

Nahrung zubereiten ... 86

Der Schlaf des Gerechten (Baby) ... 87

Plötzlicher Kindstod – gibt es ein Rezept dagegen? ... 91

Erstes Fitnessstudio für Baby ... 92

Keine Panik um die Hygiene ... 95

Medizinmänner aufgepasst! ... 97

Wenn die Zähne anklopfen ... 101

Exkursionen müssen keine Feldzüge sein ... 104

Welche Ausflüge sind nach Babys Geschmack? ... 107

Stillen außer Haus ... 112

Wann es endlich was zu kauen gibt ... 113

Umgang mit Verstopfung ... 116

Einige Kniffe im Umgang mit Windeln ... 117

Umgang mit Babys ab 4 Monate ... 119

Deine Trickkiste für das Alter ab 4 Monate ... 119

Endlich Krabbelkäfer ... 121

Mit nächtlichen Dramen in dieser Periode umgehen ... 124

Neue Gefahrenquellen ... 125

Umgang mit Babys ab 7 Monate ... 132

Babys Schlaf im Alter von 7 bis 9 Monaten ... 132

Exkursionen für Babys ab 7 Monate ... 135

Training für Babys ab 7 Monate ... 137

Endlich wird zurückgesprochen ... 139

Beförderung zur großen Badewanne ... 142

Haare- und Nägelschneiden ... 146

    Greifarme verlangen nach Fingerfood 148

    Restaurantbesuche mit Babys 151

Umgang mit Babys ab 10 Monate 155

    Exkursionen mit bald ein Jahr altem Baby 155

    Training mit bald ein Jahr altem Baby 157

    Was tun, wenn keine Windel zur Hand ist? 160

    Alleinunterhalter-Tipps in dieser Lebensphase 163

    Babys werden zu Überfliegern 166

    Mit Baby im Hotel 171

    Schneller Stopp des Tatendrangs 173

Dein Baby wird ein Jahr alt 174

    Meilenstein erster Geburtstag 174

Nachwort 177

Impressum 178

Von Überraschungen bei der Geburt

*

Ähnlichkeiten auf der Spur

Der romantisch veranlagte Vater hat sich vorgestellt, von Anfang an eine ansehnliche und ideale Mini-Ausgabe seiner selbst mit dem Neugeborenen vorzufinden, das man ihm entgegenhalten wird. Weit gefehlt. Na gut, das könnte eventuell in drei Monaten so sein, aber „frisch geworfen" sehen Neugeborene anders aus und vermögen den erwartungsvollen Jungvater zu schockieren.

Was du sehen wirst, wird dich vom Hocker hauen. Liegt dort eine Lupe auf dem Boden? Umso besser, Sherlock. Denn für die Ähnlichkeit mit dir oder deiner Partnerin wirst du zunächst auf die Suche gehen müssen! Um den Schock zu mindern, werden dir die nächsten Seiten meines Ratgebers helfen. So kommst du lockerer über diesen Tag – und auch deine Partnerin wird es dir danken, denn du möchtest nicht mit unangebrachten Anmerkungen oder gar befremdlichen Distanzierungen negativ auffallen und ihr diesen besonderen Tag vermiesen. Sie hat schließlich auch so genug Stress, da muss man sich nicht noch als Rabenvater etablieren und für Ärger sorgen.

Die visuelle Konfrontation mit der Wirklichkeit

Was sehen wir da?

Die Lupe kannst du unbesorgt beiseitelegen. Den Kopf siehst du zweifellos ohne – auf den ersten Blick. Denn fast ein Viertel deines Neugeborenen scheint aus besagtem Kopf zu bestehen, dessen Form mehr an den letzten Kegelabend erinnert. Zu verdanken ist die Deformation dem stundenlangen Hindurchzwängen durch die Gebärmutter. Also, wenn das kein Alien ist? Es hört damit nicht auf, denn …

… auf Antlitz, Rückseite und Schultern finden wir zarten Wollbewuchs, der an alles andere als an einen Menschen denken lässt. Doch keine Sorge, das wird in absehbarer Zeit von allein verlustig gehen.

Was ist das für ein merkwürdiger Belag? Der ganze Körper ist mit einer Art Schmierkäse belegt. Das gab es gratis für die Reise durch den Geburtskanal. Die Hebamme wird es natürlich wegrubbeln. Für den Moment musst du nur wissen, dass das alles seinen biologischen Sinn hat und lediglich temporären Charakter besitzt. Ebenso wie die Hautunreinheiten, die da mitgeliefert werden. Tatsächlich, dein Baby kann Pickel, Rötungen, Prellungen und sonstige Flecken aufweisen, die man sich nicht erklären kann. Nur die Muttermale, die werden bleiben. Unglaublich, was dieser kleine Leib von Anfang an für Stress hat.

Dazu blicken dich rote, geschwollene Augen an, die dich erneut eher an den letzten Kegelabend erinnern.

Die Nase sieht angedrückt aus und selbst das Kinn scheint nicht so, wie ein Kinn zu sein hat – sondern sieht irgendwie schief angebaut aus. Auch das ist eine Folge der Pressung durch den Gebärmutterschlund.

Und warum sind die Genitalien so geschwollen – gleich, ob Junge oder Mädchen? Besser nicht darüber nachdenken. In ein paar Tagen ist es sowieso vorüber mit den Sonderbarkeiten.

Das Vatersein

*

Der Job ruft auch den frischen Vater mal zurück

Zu allem Überfluss musst du irgendwann in dieser turbulenten Zeit auch mal zurück an den Arbeitsplatz. Hast du die nach Gesetz zustehende Elternzeit in Anspruch genommen, kannst du unbezahlten Urlaub nehmen oder auf Teilzeit zurückstellen, bis die Kindesentwicklung wieder eine Vollzeitbeschäftigung außerhalb der Minidiktator-Verwöhnung zulässt. Alle anderen müssen zurück an die Front.

Das Problem des Schlafentzugs als Arbeitnehmer

Erschöpfung ist von nun an dein ständiger Wegbegleiter. Wie ein zweiter Schatten begleitet die Müdigkeit dich ins Büro, lässt sich mit auf deinen Bürostuhl nieder und zieht dich runter. Du kannst von Glück reden, wenn du lediglich doppelt so lang wie üblich für die gleichen Aufgaben brauchst. Mit dem Verständnis hapert es zuweilen und was früher selbstverständlich als Grundgerüst deiner beruflichen Qualifikation im Kopf war, muss nun erst umständlich hervorgekramt werden.

Es heißt in Studien der Arbeitswelt, dass unser Intelligenzquotient mit jeder Stunde, in der uns Schlaf verloren geht, zu sinken pflegt. Deine Trägheit steigt, deine Reaktionsfähigkeit sinkt und dazu bist du reizbar. Die gute Nachricht? Du fragst deinen Kollegen nach Heftklammern für die liegengebliebenen Papierstapel in der Höhe des schiefen Turms von Pisa (dafür bedankst du dich derweil bei ihm) und nicht nach einem Skalpell im Operationssaal.

Du kannst aber etwas dagegen tun. Vielversprechend sind strategisch platzierte Nickerchen dann und wann, nach denen du erfrischt wieder zurück an die Arbeit kannst. Du musst nur den Raum und die zeitliche Gelegenheit finden, solchen Kurzschlaf abhalten zu können.

Drei Möglichkeiten gibt es:

a) Du kannst in der Mittagspause zu deinem Auto gehen, den Sitz in die Liegeposition verstellen und dich ausruhen.

b) Gibt es in der Nähe ein Fitnessstudio, kannst du es aufsuchen und auf einer Turnmatte Entspannungsübungen machen – aber nicht gerade einschlafen.

c) Ist es sonst nicht mehr zu ertragen, kann jeder Toilettenraum dazu dienen, sich mal ungestört hinzusetzen und mit irgendwo angelehntem oder aufgestütztem Kopf für eine Weile wegzudösen.

Die Umwelt liegt dir am Herzen und du bewältigst deinen Arbeitsweg mit der U-Bahn? Dann kannst du Nummer 1 getrost von der Liste streichen. Das nächste Fitnessstudio ist einen Fußmarsch von 30 Minuten entfernt? Hallo? Du bist müde! Alternativen müssen her:

- Fenster öffnen und frische Luft reinlassen. Achtung: lose Arbeitsblätter und nörgelnde Kollegen inklusive. Heftklammern und eine Decke schaffen dem Problem Abhilfe!

- Schone dein Gedächtnis, denn ständiges Grübeln raubt Energie. Über Babys Feldzüge kannst du dir daheim wieder einen Kopf machen.

- Eine eiskalte Dusche bewirkt wahre Wunder. Die Erfrischung wird deinem Gesicht zuteil. Lass dich allerdings nicht derweil von Kollegen überraschen. Nachher wirst du wegen Anstachelns einer Ice Bucket Challenge ins Büro des Chefs zitiert.

- Ab jetzt bist du Heavy-Metal-Fan. Rammstein in die Playlist und Kopfhörer für das Büro nicht vergessen. Nicht jeder kämpft gegen schwere Augenlider an und braucht Musik in der Lautstärke eines Düsentriebwerkes.

- Körperliche Bewegung in den Pausen oder ein kurzer Sprint zum nächsten Meeting? Immerhin bietet die Pause die Möglichkeit für ein traditionelles Nickerchen. Bürostuhlrennen?

- Obst und Naturjoghurt stehen auf dem Speiseplan! Im Gegensatz zum gefüllten Fladenbrot bleibt hier das Fresskoma aus. Du musst dich allerdings auf Frauenwitze seitens deiner Kollegen einstellen.

- Viel Wasser trinken! Und stets vor dich hinmurmeln: Kein Bier vor vier!

- Und das Beste zum Schluss: Eine Tafel Schokolade in der Containerschublade dient zur Motivation und Freisetzung von Glückshormonen.

Freiräume mit oder trotz Baby

Die Erkenntnis wird sich einstellen, dass du die meiste Zeit mit dem Baby verbracht hast seit dem Einschlag dieses Kometen. Glückwunsch, du bist ein vorbildlicher Vater. Aber, so überlegst du, hast du damit nicht dein Leben versaut? Du hast kaum noch Zeit für dich selbst. Immer musst du dem kleinen Diktator dienen, ihn frisch machen und pflegen, ihn auf die Waage schaffen und zurück, in den Schlaf wiegen und ihm etwas vorsingen. Das Zeitgefühl kommt darüber ganz schön durcheinander.

Was ist mit dir? Gehst du dabei nicht kaputt? Du lebst ja nur noch für das Baby, isoliert vom „normalen" Leben da draußen. Fast wird man dankbar für jede Unterbrechung und jede Kontaktaufnahme von außerhalb, selbst wenn das der nicht erfreuliche Anruf des Urologen oder der Schwiegermutter ist, die früher ohne schlechtes Gewissen weggedrückt worden wären. Erwachsenenkommunikation wird selten. Dabei brauchst du doch die Interaktion mit Leuten, die richtig sprechen können und dich nicht nur anrülpsen. Befindet sich dein früher so gestähltes Erwachsenenhirn in Auflösung, denkst du irgendwann auch in „Da-da-da-da"-Lautfetzen. Und wichtig: Was könnte man dagegen tun?

Du schaffst dir einen Rückzugsort. Ein Zimmer in der Wohnung kann hoffentlich dafür reserviert werden; wenn nicht, tut es auch ein halbwegs privater Kellerverschlag. Hier richtest du dich so ein, dass du auftankst und ausspannst, dich wohlfühlst und dich erinnerst, dass es etwas anderes gibt als Baby, Baby, Baby. Dieser Raum wird vollkommen frei gehalten von allem, was mit dem Baby zu tun hat. Du dekorierst ihn mit aller Symbolik, die dein früheres freies Leben kennzeichnete – die komischen Urlaubsmitbringsel deiner Kumpel aus fernen Ländern, die alten Teenie-Poster, abgewetzte Konzertkarten, mühsam erkämpfte

Sporttrophäen … Hierher kannst du dich zurückziehen, wenn Baby schläft, und für kurze Zeit nur du selbst sein.

Da sich sonst alles nur um dein Baby dreht, bemühst du dich um Kontakte zur hoffentlich noch existierenden Außenwelt. Die Abendnachrichten, soziale Medien oder die Bildzeitung halten dich auf dem Laufenden. Du sammelst Konversationsinhalte, um nicht ahnungslos dazustehen, wenn sich mal die Gelegenheit zu einem Gespräch mit einem Nichtbabysklaven außerhalb der eigenen vier Wände ergibt.

Du darfst dich auch nicht vernachlässigen und dich gehen lassen. Viele Väter neigen dazu, während der Schwangerschaft alles in sich hineinzustopfen und die Kontrolle über ihr Gewicht zu verlieren – ob man das jetzt „Solidarschwangerschaft" nennt oder nicht. Körperliche Fitness ist aber ein Vorteil, wenn du mal schnell springen musst, um das Baby vor einem Malheur zu bewahren.

Sei lieber aktiv als passiv. Bist du auf Schicht eingeteilt bei deinem Baby und dir wird dabei langweilig, packst du es ein und gehst mit ihm irgendwohin. Braucht ja nur ein Ausflug um den Block zu sein oder etwas ambitioniertere Exkursionen. Du kannst auch andere Väter treffen. Das ist besser geeignet, sich in diesem neuen Leben wohlzufühlen, als mit Singles zusammenzukommen, die einem bei jeder Gelegenheit die Unterschiede ihres Lebens zu deinem unter die Nase halten und dir dabei ein schlechtes Gefühl geben – absichtlich oder versehentlich. Jetzt kommt dem frischgebackenen Vater zwar die klischeehafte Behauptung in den Sinn, dass das Leben nun mit Sinn erfüllt ist. Das innere Ich ist dessen ungeachtet randvoll mit Neid. Das entfällt im Austausch mit anderen frischen Vätern.

Eine andere Empfehlung wäre, den Blick von außen auf euren Mikrokosmos zu behalten, indem du ihn kommentierend und dokumentierend begleitest. In der freien Zeit sammelst du Eindrücke und bringst sie zu Papier. Fotos und Videos machst du ja sowieso schon. Auf einer großen Pinnwand (aber *nicht* im Rückzugszimmer) sammelst du Notizen und stellst Zusammenhänge dar, oder zeitliche Abfolgen. Eine große Pinnwand oder einen Wandkalender kannst du beschreiben, selbst wenn du das Baby im Arm hältst. Üblicherweise findet das an einem Ort der Familienzusammenkunft statt, wie dem Wohn- oder Esszimmer. Und sind Bilder dabei, hat Baby was zu gucken. Jeden Monat stellst du eine Kompilation zusammen und archivierst sie an einem sicheren Ort, während die Pinnwand zurückgesetzt wird auf neue Befüllung. Mit der Zeit kommt mit Fotos und Bemerkungen eine ordentliche Dokumentation zusammen, unvergessliche Momente werden erhalten. Eine schöne Aufgabe in ruhigen Stunden, hier Ordnung hineinzubringen.

Sowohl die aktive Seite an der Wand als auch die archivierten Seiten dienen der Motivation aller Beteiligten. Hier kann man sich rückversichern, das Richtige zu tun, auch wenn es bisweilen schlaucht.

Märchenstunde ohne Märchen

Weiß jeder (Mann): Vorlesen ist gut für Kinder. Aber das kannst du schon mit Babys praktizieren, auch wenn dein Baby unmöglich verstehen kann, um was es eigentlich geht. Darum brauchst du ihm auch nicht alberne Kindermärchen vorlesen, sondern kannst etwas aussuchen, was dich selbst interessiert. Also aus einer Autozeitschrift oder dem Fußballmagazin. Oder, wenn du Kernphysiker bist, aus dem Fachblatt für Atompilzgerichte. Ganz egal, was. Nach Ansicht von Fachleuten konditionierst du damit Babys Gehirn für die Klangmuster und Bestandteile deiner Sprache, was ihm helfen wird, es als Kleinkind dann endlich zu erlernen.

Vorlesestunden machen also Sinn. Dein Baby gewöhnt sich an deine Stimme und assoziiert sie mit seinem Wohlbefinden, in dem es sich hoffentlich befindet. Und dann ist da natürlich, immer noch unabhängig vom Sprachinhalt, ein Unterhaltungsfaktor. Ähnlich wie ein Stummfilm lustig sein kann, ohne dass man Dialoge hört.

Was die Aufmerksamkeit von Baby besonders fesselt? Das sind Bilder! Da es mittlerweile den Fußball als zweidimensionale Abbildung zuordnen kann, ist deine Fußballzeitschrift keine schlechte Wahl. Ein zweiter einflussreicher Faktor für die Auswahl der Babylektüre: Babys lieben Farben! Ob deine Fußballzeitschrift oder Mamas Modemagazin mehr Farben vorzuweisen hat, bleibt dir und Babys Geschmack überlassen. Nicht zu geschlechtsspezifisch denken. Und auch wenn du nicht zum Kinderbuch mit der muhenden Kuh greifst, ist Entertainment mit abwechslungsreichen Stimmen ein Muss! Wann hast du sonst die Gelegenheit, nach Lust und Laune vorzulesen, ohne skeptische Blicke zu ernten? Beim Wochenbericht im Montagsmeeting wohl eher nicht.

Wenn dein Baby merkt, dass du Spaß an diesen oder jenen Dingen aus dem bunten Heft hast, färbt vielleicht das Interesse für Sport, Autos oder Atomphysik später auf es ab. Dann habt ihr in einem anderen Lebensalter des Nachwuchses leichter ein Vater-Sohn- bzw. Vater-Tochter-Projekt zusammen in der Mache.

Rückenschmerzen vermeiden

Deine physische Stärke ist sehr gefragt. Sie muss trainiert und Fehler in der Belastung von Gelenken und Muskeln müssen vermieden werden. Dein Baby immer wieder von hier nach da heben zu müssen, wird sich in deinen Schultern schmerzlich bemerkbar machen. Und dann musst du es noch lange herumtragen. Zusammen könnt ihr aber Übungen absolvieren, um Rückenbeschwerden zu verhindern. Eine Grundübung ist, das Baby aus dem Kindersitz zu holen, ohne dass dein Rücken groß beansprucht würde. So bleibt dir vielleicht erspart, dich zu den anderen Vätern mit Rückenschmerzen zu gesellen – immerhin die Hälfte von allen. Jeder Akt des Hebens kann zu einer gymnastischen Übung umfunktioniert werden. Egal, ob das komisch aussieht. Die Hauptsache ist dabei, dass der Rücken gestützt wird, während du das Baby hochnimmst. Zum Anfang versuche die folgenden Übungen, aber beachte bitte: Ist dein Baby schon sechs Monate alt? Dann kannst du die Übungen mit oder ohne Kindersitz bzw. Trage durchführen. Ist dein Baby jünger, kann es seinen Kopf noch nicht von allein halten. Unbedingt die nackenstützenden Sitzmöglichkeiten verwenden!

Vierfüßlerstand

- Du legst dich flach auf den Bauch. Nicht zu lange durchatmen! Von hier aus geht es ohne Umschweife in den Vierfüßlerstand. Das heißt lediglich, dass du dich auf beiden Handflächen und Knien vor dem erwartungsvollen Baby platzierst. Das Gestöhne, als du vom Boden in den Vierfüßlerstand gekrochen bist, war hoffentlich noch nicht alles?

- Nun hebst du gleichzeitig deinen linken Arm und dein rechtes Bein an. Rücken gerade halten und nicht in ein Hohlkreuz verfallen. Rechter Arm und linkes Bein folgen sogleich!

- Um dein Baby neben deinem versuchten Balanceakt zu unterhalten, bedienst du dich mit auf dem Boden herumliegendem Spielzeug. Das kannst du abwechselnd vor das Gesicht des kleinen Rackers zaubern.

Diese Übung kannst du zweimal mit jeweils zehn Wiederholungen durchführen. Und das Spielzeug? Nicht wieder auf den Boden werfen! Nutze die gewonnene Motivation, Ordnung zu schaffen, indem du Kisten rechts und links von dir platzierst. Und rein damit! Mutti wird stolz auf dich sein!

Shoulder Press-up

- Um Baby weiterhin bei Laune zu halten, geht es hoch hinaus! Für dich geht es lediglich auf die Knie – vor Baby. Gesäß auf die Fersen.

- Nun packst du dir das freudig dreinblickende Baby (mit oder ohne Kindersitz) und hebst es über deinen Kopf. Ich hoffe, der Knirps wiegt noch nicht allzu viel. Falls die Kurzatmigkeit es zulässt, sind Fliegergeräusche erlaubt und sicherlich mehr als willkommen!

Auch hier scheinen zwei Sätze mit zehn Wiederholungen völlig ausreichend.

Squat

- Auf die Füße mit dir! Deine Beine stehen schulterbreit auseinander. Dein Baby hältst du in deinen Armen vor dich.

- In einer perfekten Welt navigierst du deinen Po bis auf den Boden, zählst bis fünf und erhebst dich wieder. Wir wollen uns nichts vormachen! Wir bewegen uns mit hoher Wahrscheinlichkeit in einem Paralleluniversum. Versuche einfach, so weit runterzugehen wie möglich.

- Wichtig: Deine Knie kommen nie vor deine Zehenspitzen!

Diese Übung kannst du fünf- bis zehnmal wiederholen und um einen zweiten Satz ergänzen. Wenn fünf Sekunden zu lang sind, einigen wir uns auf drei schnell gezählte Sekunden!

Vaters Job: Dokumentieren, was das Zeug hält

*

Es darf gepixelt werden

Von dir als Vater wird man erwarten, dass du der Durchblicker und „He-Man, Master of Universe" in allen technischen Dingen bist. Egal wo nun deine Talente und Neigungen liegen, du wirst als Dokumentarfotograf und -filmer des Heranwachsens eures Kindes als einem historischen Ereignis eingesetzt. Du machst die Fotos, hältst mit der Kamera drauf und notfalls lernst du erst noch die technischen Voraussetzungen dazu – denn Mutti hat genug zu tun. Nämlich Dinge, die ihr in ihrer Rolle genauso automatisch zufallen werden.

Hast du noch keine Digitalkamera, dann greif dir sofort eine, denn die Preise sind atemberaubend am Sinken, bei gleichzeitig immer besserer Qualität in Auflösung und Ausstattung. Was gestern noch teure Profigeräte aufboten, hat heute schon die Kompaktkamera. Später dann bereitest du deine Fotos am Computer auf, wo sich nochmals neue Welten auftun und sich Fehler korrigieren lassen wie nie zuvor. Und natürlich kannst du von dort auch ausdrucken, auf hochwertigem Fotopapier aus dem Farbdrucker. Ob ausgedruckt oder als Datei – damit kannst du jedermann fast täglich mit aktualisierten Fotos von eurem Baby bombardieren. Womöglich wächst du selbst über dich hinaus bei solcherlei Arbeiten, die du mit einer Intensivität erledigst wie selten etwas zuvor.

Die erwähnte technische Entwicklung erleichtert es, eine Kamera zu nehmen, die gleichzeitig hohe Megapixel an Bildauflösung bieten kann und dabei doch handlich für die Tasche bleibt, oder du bleibst ganz einfach bei deinem Handy, aber nur wenn die Kamera darin auch gut genug ist. Dazu versorgst du dich mit passenden Speicherkarten, die sehr viele Aufnahmen zulassen. Die Sorgen früherer Generationen um verbrauchtes Filmmaterial und raren Aufnahmeplatz hast du dabei nicht, denn du kannst sofort das Ergebnis überprüfen und nötigenfalls löschen. Babys sind total unkooperativ und – bis auf „geborene" Filmstars – nicht unbedingt fotogen, weshalb es viele Versuche braucht, bis ein adrettes Ergebnis im Kasten landet. Es liegt eher nicht an dir, wenn es für jedes gelungene Foto zehn Fehlversuche gibt. Aber du möchtest auch nicht schuld am elften Fehlschlag sein, wenn gerade dieser eine geniale Aufnahme verhindert hat.

Du erlernst den Umgang mit deiner Kamera nicht erst am Set, sondern übst ihn mindestens einen Monat, bevor die Geburt ansteht, ein. Wenn jemand schuld sein darf, dann das Baby und nicht deine Unkenntnis, die Batterie oder die Speicherkarte richtig herum einzusetzen. Muttis Blick wird sonst vernichtend sein. Und auf Jahrzehnte musst du dir später anhören, in den entscheidenden Stunden versagt zu haben. Das willst du nicht.

Babyfotos für die Ewigkeit – 3 Tipps dafür

Der erste und wohl wichtigste Tipp, den ich dir als durchgestandener Vater geben kann: Fange verschiedene Grimassen deines Babys ein. Hiermit sind abwechslungsreiche Diashows für Großeltern und Bildschirmschoner safe. Und die sagenumwobene Grimasse deines Nachzüglers eignet sich später hervorragend als Bestechungsmittel, mit dem du geschickt Hauspartys in eurer Abwesenheit aus dem Weg gehen kannst. Denn als cooler Dad bist du Instagram-Partizipant. Du verstehst den Wink mit dem Zaunpfahl, nehme ich an? Die Vielfalt findet sich in wechselndem Zubehör, anderer Beleuchtung oder auch der Kleidung. Also verschiedenes Spielzeug, festliche oder alberne Outfits, Licht von der anderen Seite, Gegenlicht, von unten, im Dämmerlicht … Entdecke den Spaß am Gestalten! Sind andere Akteure dabei, sollten die natürlich auch Vielfalt an den Tag legen. Lasse sie ruhig Grimassen schneiden oder körperlich anders in Bezug zum Baby auftreten. Du kannst merkwürdiges Dekor einsetzen wie den repräsentativen Gartenflamingo der Partnerin, den imposanten Apfelbaum oder einfach Plüschtiere aus der eigenen Kindheit. Oder wie wäre es mit einem Foto vom Baby im Vordergrund eines atemberaubenden Sonnenunterganges? Was es nicht alles gibt! Dir fällt sicher noch mehr ein.

Eines sollte aber die Regel sein: immer mit höchster Auflösung arbeiten. Es mag Vergrößerungswünsche geben bis auf Posterformat, wer weiß? Oder die Fotos finden Verwendung in einer festlichen Präsentation und sollen daher was hermachen. Klar ist auch, dass du immer gut scharf gestellt haben musst, oder? Verlasse dich nicht zu sehr auf die diversen Automatiken. Ein Stativ wäre ebenfalls großartig geeignet. Mancher Betrachter in zwanzig Jahren möchte eher dich sehen als das Baby, oder eben euch als Familiengemeinschaft.

Movie mit dem Kinderstar

Noch mehr als Fotos sind bewegte Bilder geeignet, um die Entwicklung eines Kindes, besonders im Babyalter, festzuhalten. Du wirst also nach einem Camcorder für die Videoproduktion greifen oder nach einem Smartphone mit guter Kamerafunktion. Und Action! Das mitfiebernde Gesicht, wenn du Fußballnews an deinen Nachwuchs weitergibst, seine immer besser werdende Artikulation deiner Lieblingsmannschaft und der stärker werdende Bizeps, der den Schaumstofffinger immer höher in die Luft hebt. Dazu später mehr! Mimik und Emotionen sowie die körperliche und linguistische Entwicklung lassen sich optimal mit Bewegtbild einfangen. Jedoch ist deine Geistesgegenwart gefragt, um einmalige Szenen festzuhalten. Mehr noch als mit dem Fotoapparat. Du filmst nicht nur statische Szenen, sondern möglichst auch überraschende Handlungen. Wie das Baby plötzlich freudeschreiend auf der Couch sitzt, wenn ein Tor fällt und der Hund vor Überraschung in die Luft springt, lässt sich mit Fotos allein schlecht begleiten – das schreit nach Film. Du lernst, im richtigen Moment draufzuhalten und aufzunehmen. Da auch hier das unbrauchbare Material einfach gelöscht werden kann für neuen Speicherplatz, musst du nicht groß überlegen. Auch digitale Camcorder-Clips kannst du am PC bearbeiten und die Handlung straffen, bevor du ein größeres Publikum damit beglückst. Womit beim „Beglücken" auch Kürze gemeint ist – stopp beim nächsten Mal die Uhr, wenn deine Freunde mit Baby zu Besuch sind. Und, hast du die fremden Babyaufnahmen länger als fünf Minuten ertragen können?

Musst du erst ein Gerät kaufen, dann nimm lieber eines, das nicht groß ist und eine Menge aushält, als ein überzüchtetes Profigerät, das mit dem Koffer herumgeschleppt werden muss und dessen Akkus immer so schnell erschöpft sind. Ein guter Bildstabilisator und Autofokus sind gefragt, um

Babys Aktionen scharf im Kasten zu haben. Für ein schnelles Einfangen der Situation sollte zudem der Zoom leicht erreichbar sein. Hier gilt „weniger ist mehr". Je mehr du dir den Zoom zunutze machst, desto mehr Pixel hat das Foto später. Mit einem 10- bis höchstens 30-fachen Zoom solltest du die Schokoladenseite vom Baby zu jedem Moment einwandfrei einfangen können.

Kleine Filmschule für Babyfilmer

Das Filmen sollte beileibe nicht auf die offiziellen Anlässe beschränkt sein, also sollte nicht nur auf Geburtstagen und an Feiertagen auf den Auslöser gedrückt werden. Du wirst sehen, dass Alltagsmomente viel interessanter und ursprünglicher rüberkommen. Den 80. Geburtstag der Oma mitverfolgen ist wenig spannend, aber dem Baby zuzusehen, wie es einen Holzklotzturm umwirft und daran seinen Heidenspaß hat, spricht den Zuschauer stärker an. Hier ist ein gewisses urwüchsiges Element und keine einstudierte, vorhersehbare Handlung wünschenswert. Und da ist Raum für Überraschungen wie spontanes Verhalten, das vielleicht Einblicke in den Charakter zulässt.

1) Wie viel Bewegungsfreiheit hast du, bis der Wäscheständer als Protagonist im Bild erscheint? Leg einfach die Kamera ab und kehre das Wiedergabedisplay um. Du lässt den Camcorder aufnehmen und überwachst auf einen Blick, was er einfängt.

2) Du nimmst immer einen Reserve-Akku mit oder eine Powerbank für dein Handy. Die Zeit verfliegt so schnell und im Nu ist die eingelegte Energiequelle schon wieder erschöpft, besonders wenn du auch noch eine Leuchte speisen musst. Der Zweit- oder Drittakku kann den großen Unterschied machen. Wo es indoors möglich ist, wäre auch die Aufnahme mit Netzkabel-Stromversorgung eine Idee, um die Sorge um leere Akkus aus dem Sinn zu nehmen. Du bist dann aber weniger beweglich.

3) Ein kleiner Beautytipp zum Schluss: Filme niemals von oben herab! Durch die zurückgewonnenen Muskeln aus unserem Training gelangst du federleicht in den Squat und auf Augenhöhe des Knirpses. Sonst sind perspektivische Verzerrungen und eine Darstellungsweise, die dein Kind abwertet und wenig schmeichelhaft wirkt, das Ergebnis deiner Mühen.

Die Mutter, deine Partnerin

*

Musst du jetzt die Gebrauchsanweisung für deine Partnerin umschreiben?

Ist natürlich ein Scherz, diese Überschrift. Doch sehen wir selbst: Nach dem, was deine Partnerin mit der Geburt durchmachen musste, kann mit Fug und Übertreibung behauptet werden, dass ihr Zustand mit dem von Frankensteins Monster vergleichbar ist. Aber hier ist wenigstens noch eine Selbstreparatur möglich, sie braucht nur etwas Zeit! Du wirst erleben, dass sie die erste Zeit in Rekonvaleszenz auf der Couch, im Bett oder in der Wanne verbringt. Alles Orte, wo man sich regenerieren kann. Vielleicht vernachlässigt sie sich. Das Ergebnis sind ungekämmte Haare, nicht gekürzte Fingernägel und behaarte Beine, die an den pieksigen Rasen des Nachbars erinnern. Sie ist mit der bequemsten Kleidung zufrieden. Tagelang siehst du sie nur in Pullover und Jogginghosen, für die das Adjektiv „schlampig" angemessen scheint. Himmel! Geht das auch mal vorbei? Es geht. Du musst dich etwa sechs bis acht Wochen lang in Geduld und Nachsicht üben. So lange dauert die Phase des sogenannten Wochenbettes. Währenddessen kommt es zu:

- Schwitzen, Schwindelanfällen, Appetitmangel, Hitzewallungen

- Akne, Haarausfall, Brustschmerzen – besonders die Warzen beim Milchgeben

- Krämpfe im Bauch, Genitalienbeschwerden, Probleme beim Urinieren, Blutbeimengung

- Taubheit oder Kribbelgefühl in den Händen, die Beine tun weh und die Füße können angeschwollen sein

- Verdauungstrakt kann unter Verstopfung leiden, Hämorrhoiden treten auf

Die Geburt über Kaiserschnitt bringt ihre eigenen Spätfolgen mit sich, die der Vollständigkeit halber angefügt werden sollen:

- Übelkeit, Schmerzen entlang der Operationsnarbe, Blähungen

Damit musst du als ihr Partner begleitend klarkommen, und ich bin sicher, du kannst sie nur für ihre Tapferkeit bewundern. Deine Aufgabe ist es, ihr in dieser schwierigen Zeit beizustehen.

Sag Goodbye zum Faszinosum

Sorry, Zugang verboten: Wenn die Stillerei anfängt, hängt für dich ein Verbotsschild vor den Brüsten deiner Partnerin. Sie kann die schönsten Brüste der Welt haben – jetzt sind sie tabu. Das kann für einen Mann mit viel Hingabe an die sekundären Geschlechtsmerkmale seiner Freundin oder Gattin echt hart sein. Aber nun besitzt sie euer Baby. Da musst du durch.

Von Eifersucht geschüttelt musst du zusehen, wie dein neuer und so siegessicherer Konkurrent sich an die Ballons hängt und nuckelt. Folgendes Schild ziert nun die Brüste deiner Partnerin und lässt dich neiderfüllt zurück: „Milchbar: Zugriff verboten!" Und dass sie Baby so kinderleicht in Millisekunden zufriedenstellt, lässt dich auch nicht kalt. Aber das ist keine Entschuldigung, außen vor zu bleiben. Du machst dich als Assistent beim Stillen nützlich. Es ist wissenschaftlich bewiesen, dass dein Beitrag die Dauer und Qualität der Verköstigung positiv beeinflusst.

Um ebenfalls Karmapunkte für das Zufriedenstellen des Babys zu ernten, solltest du dich wie folgt auf deinen Einsatz vorbereiten: Du sterilisierst und montierst die Teile der Milchpumpe – für den Fall, dass der Milchkanal der Brust verstopft bleibt. Du bist mit Informationen gewappnet, um deiner Liebsten spielend einfach die aufkommenden Zweifel zu nehmen. So hat es mich damals vom Hocker geworfen, als mir die Hebamme verriet, dass ein Stillgang anfänglich durchaus eine gute Stunde in Anspruch nehmen kann – Genießer gibt es nicht nur in der Erwachsenenwelt. Meine Partnerin war beruhigt. Zudem will der Nachwuchs mehr als einmal am Tag in den Genuss der Köstlichkeit kommen; acht bis zwölf Stillmahlzeiten am Tag lautet die Norm. Kein Wunder, dass mal ein vorgewärmter Lappen zur Stimulierung der Nachschubversorgung auf die Brüste der Mama aufgelegt werden muss. Das schreit nach einer weiteren Aufgabe für dich.

Durch deine Assistenz kannst du deiner Partnerin ersparen, nächtens aufzustehen und das nach Nahrung verlangende Baby zu holen, indem du den Bringdienst besorgst, die weiteren Vorbereitungen triffst und es beim Anlegen an die Brust abstützt. Der Hunger deines Babys kennt keine Grenzen? Dann wird ihn eine Brust nicht zufriedenstellen. Wechsel ihn während des Stillvorganges zur anderen, stets vollen Brust, um das Baby für die nächsten Stunden vollends zu sättigen. Nach Beendigung der „Erfrischung" ist noch Zeit für ein Bäuerchen, dann trägst du das Baby zurück an seinen Schlafplatz. Deine Partnerin wird verzückt sein über so viel väterliche Zuarbeit. Vielleicht hat sie dadurch eher Nachsicht mit deinen Bedürfnissen und du gewinnst deinen Zugang zum Faszinosum in absehbarer Zeit zurück.

Ist der erste Monat geschafft, kannst du erwarten, dem Baby die erste Flasche geben zu dürfen. Das verschafft eine angenehme Änderung und wird euch eine Überraschung nachliefern: dann nämlich, wenn das Baby nach dem Fläschchentrinken noch gründlicher rülpst als nach dem gewohnten Muttermilchtrinken. Aber das ist jetzt nichts, weswegen ich im nächsten Kapitel der Flasche einen weiteren Punkt einräumen wollte …

Natürliche Nippel oder solche aus Gummi?

Es haben schon Generationen über die Frage gestritten, ob das Baby mit der Muttermilch gestillt werden oder sich aus der Flasche ernähren soll (die Frage einer Milchamme lassen wir mal als obsolet außen vor). Wir nähern uns eurer Entscheidungsfindung durch einige Vergleiche:

1) Reich an Nährstoffen

Erster Platz: Muttermilch

Nichts kann der Muttermilch das Wasser äh die Milch reichen. Sie liefert benötigte Antikörper und wichtige Enzyme – für jedes Alter des Babys. Denn besagte Mixtur passt sich regelmäßig an die neuen Ernährungsbedürfnisse des kleinen Rackers an. So ist Baby jederzeit bestens gegen Krankheiten und Allergien gewappnet. Eine echt „intelligente" Milch, die quasi mitdenkt.

2) Just-in-time-Beschaffung

Erster Platz: Muttermilch

Muttermilch ist immer verfügbar und völlig problemlos zu beziehen – ohne Verpackungsmüll. Dein Baby kommt schneller in den Milchgenuss als du zu deinem Kaffee. Es verbrennt sich nicht die Zunge und es schmeckt ununterbrochen gut. Deine Kaffeemaschine hingegen liebt es, sonntagmorgens die Temperatur mit der Wassermenge zu vertauschen. In der Bevorratung gibt es keine Reinigerrückstände im Tank und Ungeziefer kann auch nicht hineinscheißen, geschweige denn darin ertrinken. Oder was sich sonst bereits für Dramen beim ersten Schluck des Wachmachers am Frühstückstisch abgespielt haben.

3) Geld regiert die Welt

Erster Platz: Muttermilch

Sie kommt ja kostenlos zu den Entnahmestellen – völlig konkurrenzlos. Und die gefühlte Qualität sorgt für weniger Speichelproduktion. Du hast richtig gehört! Worüber man sich nicht alles als frischgebackener Vater freut. Spätestens wenn du weniger Kosten durch das Wegfallen des Dauerbetriebes deines Waschsalons auf der Stromrechnung siehst, brichst du in Freudentränen aus.

4) Süßer Wohlgeruch vs. Höllengestank

Erster Platz: Muttermilch

Hast du gewusst, dass die Muttermilch auf die Verdauung durch das Baby so wirkt, dass die Babywindel geruchlos bleibt? Interessantes Phänomen. Man möchte sich vorstellen, dass der Effekt in der Urzeit der Tarnung vor Raubtieren diente, wenn man denn damals Windeln getragen hätte …

5) Stressfaktor

Erster Platz: Flasche

So viel Stress hat deine Partnerin, die stillende Mutter, bereits zu ertragen. Dass sie Milch produziert, geht ja nicht ohne Belastung vor sich. Dazu kommt die Schlaflosigkeit, da das Stillen alle zwei Stunden verlangt wird. Und dann muss sie sich noch Sorgen machen um dies und das. Der Griff zur Flasche (und ich meine jetzt nicht den Alkohol) verspricht hier Linderung, so du nicht versagst, ihr die vorgewärmten Flaschen bereitzustellen.

Summa summarum: Muttermilch siegt mit 5:1 Vorteilen.

Na, das war eindeutig. Die Muttermilch ist ein richtiger Renner. Wenn deine Partnerin möchte und kann, ist ihre Milch fast alternativlos. Aber auch wer mit der Flasche aufgezogen wird, sollte gesund bleiben und problemlos aufwachsen. Ganz wegdiskutieren kann man diese Alternative nicht, sonst wäre die Diskussion darum längst vor Jahrhunderten eingeschlafen.

Die berüchtigte Launenhaftigkeit der Mutti

Achtung! Du kennst die Launenhaftigkeit deiner Partnerin schon aus der Zeit, wenn sie ihre Tage hatte. Nun kommt die Steigerung davon, auf die du dich gefasst machen solltest! Drei von vier Erstmüttern werden davon erfasst – von etwas, was „Babyblues" oder auch „Heultage" genannt wird. Der Name trifft dieses Phänomen nicht zu hundert Prozent. Die Traurigkeit mischt sich mit einem unkontrollierbarem Zorn, der dem Namen „Hulk" alle Ehre machen würde. Das typische Symptom der neuen Launenhaftigkeit deiner Partnerin. In ihrer Unbeherrschtheit wird sie keine Logik erkennen und dir eine zuvor unbekannte Aggressivität zuteilwerden lassen. Weinen hilft ihr, diese Anspannung loszuwerden. Da du gut vorbereitet bist, sind die Schränke mit einem Extravorrat an Taschentüchern und Energydrinks ausgestattet. Letzteres für dich. Schnelle Reaktionen sind gefragt, wenn sie dich nach der dankbaren Umarmung für das so liebevoll gereichte Taschentuch sofort lauthals anschreit, weil der Blick über deine Schulter das liegengebliebene Geschirr offenbart hat.

Sei nachsichtig mit ihr. Ihre Hormone tanzen Polka. Stelle ihr dabei kein Bein und lege ihr nichts in den Weg; sie muss sich austoben. Das kann 24 bis hin zu schier endlosen 168 Stunden andauern, bis Muttis Hormonschwankungen und Launen ausgestanden sind. Sei nachsichtig und hilf ihr durch diese Zeit. Oder findest du dich selber in ihren Stimmungsschwankungen wieder? Der Babyblues ist nicht ausschließlich für Frauen reserviert. Laut einer amerikanischen Studie haut die neue Situation auch 10 % der frischgebackenen Väter um.

Partnerschaft in frischer Familie

*

4 Goldene Regeln für die junge Familie

In der Tat eine schwierige, ungewohnte Zeit. Du möchtest ohne Beschädigung deiner Partnerschaft hindurch. Hier sind meine vier Regeln, wie das besser gelingen kann.

Regel 1: Adios Männerlogik! Hallo Emotionen!

Als Männer sind wir etwas verliebt in unsere genialen Troubleshooting-Praktiken und arbeiten uns an Projekten ab, Dinge am Laufen zu halten und Probleme zu lösen. Der männliche praktische Ansatz eben. Doch hier kann das grundverkehrt sein. Deiner Partnerin sind Trost und Unterstützung viel wichtiger als das Abarbeiten von Projekten und unsere Logik. Also richte dich darauf aus, in erster Linie. Und sag nichts, was deine Linie durchsetzen will und was ihr emotionell nicht weiterhilft.

Regel 2: Ohren auf Durchzug stellen, wenn sie mit dir streitet

Du kannst auch Müll reden, wenn du Streitigkeiten mit dem Chef hast und mal wieder Dampf ablassen musst. Deine Partnerin spricht und handelt jedoch unter weit heftigeren Einflüssen auf ihr Bewusstsein, nämlich hormonellen Irritationen. Also nimm dir nicht zu Herzen, was sie in diesem Zustand an deine Adresse schickt – die Schimpftiraden werden durch deinen permanenten Schlafentzug ohnehin schnell wieder in Vergessenheit geraten.

Regel 3: Du bist jetzt Chuck Norris und Rambo in einer Person

Ich will dir nichts vormachen. Die Wahrscheinlichkeit, erst mal die Last alleine zu tragen, ist unheimlich hoch. Jedoch auf die ersten Wochen zeitlich limitiert. Und du kannst als Vater mehr Aufgaben übernehmen, als du denkst. Du kannst zum Beispiel für alles sorgen, was dem eigentlichen Stillvorgang vorgeschaltet ist. Du wirst viele neue Aufgaben übernehmen und über dich selbst hinauswachsen. Und dann denke noch daran, Essen bei einem Lieferservice zu bestellen, oder das Tischlein deckt sich heute nicht …

Regel 4: Tapetenwechsel

Was ihre hormonbedingten Irritationen verschlimmert, ist die Zurückgezogenheit in eurem Heim. Sie muss da mal raus, um andere Eindrücke zu bekommen und sich zu entspannen. Das Baby ist keine Entschuldigung dafür, an die Wohnung geklebt zu bleiben. Im Nu hast du es in einen Wagen gepackt und kannst mit Baby und Frau spazieren gehen oder fahren. Der Ortswechsel, die frische Luft und die körperliche Aktivität werden deiner Partnerin guttun (jedem anderen Beteiligten auch) und sie schöpft draußen frische Kräfte. Endorphine werden ausgeschüttet und sorgen für bessere Stimmung. Größere, unbeschwertere Unternehmungen sind möglich, wenn jemand das Baby zeitweise in Betreuung nimmt – etwa die Großmutter.

Postnatale Depression

Schlimmer als Hormonschwankungen und die nächste Stufe des Babyblues ist die postnatale oder postpartale Depression. Sollte sich das gefühlsmäßige Befinden deiner Partnerin über ein paar Wochen lang problematisch auf eure Lebensqualität auswirken, wäre der Gang zur Hebamme oder zum Arzt des Vertrauens mit Bitte um Hilfe nicht unangebracht. Ist Mutti dagegen, muss sie erst umgestimmt werden mit Verweis darauf, dass jeder weitere Tag des Aufschiebens einen beschwerdelosen Tag weniger bedeutet.

My Bed is my Castle

Eine dieser großen Fragen ist: Soll Baby mit ins Elternbett oder nicht? Das mag man begrüßen oder auch das Bett als letzten Rückzugsort heilighalten, wo man vor dem Babydiktator sicher ist. Sicher ist, dass dieser Schritt weitgehend unumkehrbar ist, wenn er erst mal versucht wurde, denn das Baby wird jetzt auf sein neues Hausherrenrecht pochen, nachdem es eure letzte Zufluchtsbettenburg kennen- und schätzen gelernt hat.

Wissen solltest du vorher: Arbeitest du den ganzen Tag über, bietet dir das gemeinsame Familienbett mehr Zeit, um Nähe zum Nachwuchs aufzubauen. Allerdings haben Babys vom ersten Moment an eine grenzenlose Kreativität an Schmatzlauten parat. Inwiefern euch die neue Geräuschkulisse beim Schlafen beeinträchtigt, müsst ihr entscheiden. Für das Stillen bietet die Nähe einige Vorteile. Studien belegen, dass sich Mütter weniger in ihrem Schlaf gestört fühlen, wenn das Baby im gleichen Bett schläft. Der schwere Leib eines Erwachsenen kann aber auch eine Gefahrenquelle sein, wenn ein Baby darunter gerät. Andersherum stellt das Kind für sich selbst ein Risiko dar, wenn es herumrollt und herauszufallen droht, mangels Seitengitter am Erwachsenenbett.

Und was ist mit Intimitäten? Irgendwann möchtest du aufhören, mit deiner Frau wie Bruder und Schwester zusammenzuleben und zu den alten Gewohnheiten zurückkehren. Mit dem Baby im Bett?

Kinderwagen vors Bett schieben oder Co-Schläfer anbauen

Da gibt es noch die halbe Lösung, den Stubenwagen ans Ehebett zu stellen, statt das Baby in dasselbe einzuladen. Noch einen Schritt weiter geht der „Co-Schläfer", was eine Krippe oder ein Beistellbettchen ist, das an einer von vier Seiten offen ist und am Ehebett angedockt wird.

Was begreiflicherweise die Seite sein wird, wo deine Partnerin schläft. Denn sie wird es sein, die das Baby aus dem Beistellbettchen zum Füttern herüberholt und es auch wieder dorthin legt. Wird es gewünscht, kann die vierte Seitenwand im Beistellbettchen eingesteckt werden und das Baby krabbelt oder rollt auch nicht selbstständig zurück ins Erwachsenenbett.

Weitere Gerätschaften für den gerechten Baby- und Kleinkindschlaf:

- Der Kindersitz. Kann ja sein, dass dein Baby vollkommen zufrieden damit ist, hier auch in Sitzhaltung zu schlafen.

- Das Kuschelnest. Das ist ein Miniaturbett, das ins Ehebett gehievt und auf der Matratze eingerichtet wird, wohl zwischen dir und deiner Partnerin. Genannte Probleme werden gelöst, aber nicht alle.

- Die Babytrage. Beim Getragenwerden lässt es sich durch den wiegenden Schritt des elterlichen Lasttiers schließlich großartig einnicken.

- Vibrationssitz. Vibrationen sind einlullend in ihrer Wirkung, also warum nicht für die Schlafstelle nutzen? Nachteil wäre eine nicht sehr bequeme Polsterung.

- Automatische Schaukel. Funktioniert ganz ausgezeichnet bei Babys und verfehlt seine Wirkung nicht. Die Dinger sind mittlerweile Hightech. Unterschiedliche Schaukelstufen, begleitet von diversen Melodien, Lautstärken … Bloß nicht neidisch werden! Für unsere Größe gibt es die leider nicht.

- Krippe. Dafür gibt es allerlei Spielzeug und Accessoires, die mal die Aufgabe haben, zum Einschlafen anzuregen, und mal wach und bei Laune halten sollen.

- Kinderwagen. Ja natürlich, damit ist man draußen gern unterwegs. Ist der Sitz zur Liegefläche umgeklappt, gibt es außer dem Himmel nichts mehr zu beschauen und das Baby wird gern die Exkursion in seinem Schlafwagen fortsetzen; stundenlang geht das so.

- Kommodenschublade. Ist gerade nichts anderes zur Hand, oder seid ihr irgendwo zu Besuch, wo man nicht auf Babys eingestellt ist, kannst du eine beliebige stabile Schublade zum Babyliegeplatz umfunktionieren, indem du sie mit Polsterteilen auskleidest und das Baby hineinlegst. Es sollte freilich nicht in der Lage sein, die Position der Schublade irgendwie zu verstellen; weder nach außen noch nach innen.

Zurück ins Liebesleben

Fange besser gar nicht damit an, dich über dein nicht vorhandenes Sexualleben zu beklagen. Stattdessen solltest du wissen: Eine jüngere australische Studie tischt uns interessante Details über diese Frage in jungen Familien auf. Ihr zufolge kam es bei 40 % der Paare sechs Wochen nach der Geburt ihres Babys zur Wiederaufnahme des Geschlechtsverkehrs. Bis zwölf Wochen abgelaufen waren, war es bei 80 % der Erstgeburtseltern wieder zum Sex gekommen. Es ist also nichts Besonderes, sich dafür Zeit zu lassen.[1]

Das mag dir jetzt wie eine Ewigkeit vorkommen, aber wenn du dir vorstellst, dass vor kurzem ein komplettes Baby aus dem Leib deiner Partnerin gekommen ist, weißt du, was ihr dabei abverlangt wurde. Unvergesslich der Anblick, einen so großen Kopf hindurchgezwängt zu sehen. Also sind Schonung und Rücksicht angesagt. Du musst einfach warten, bis deine Partnerin von selbst wieder Lust hat. Bis dahin kannst du dir ja selbst behelfen, wozu etwas Diskretion erwartet werden kann.

Gründe, warum es ein wenig dauern kann, bis deine Partnerin so weit ist:

1) Hormone wirken sich negativ auf ihren Sexualtrieb aus. Schließlich soll dem kürzlich gezeugten Thronfolger nicht sofort der Platz streitig gemacht werden. Da hat die Natur sich was Schönes einfallen lassen.

2) Gynäkologen raten neuen Müttern, mindestens vier bis sechs Wochen nach der Geburt mit dem Sex zu warten. Ein neues Leben

---

[1]https://raisingchildren.net.au/grown-ups/looking-after-yourself/your-relationship/sex-intimacy-after-baby

zu erschaffen, hinterlässt seine Spuren und Wunden. Ist der Wochenfluss vorbei, ist die Wunde in der Gebärmutter geheilt.

3) 24-Stunden-Säuglingspflege! Einen Ruhe-Sonntag hat deine Partnerin nicht. Dass ihr da mal die Lust und Puste vergeht, auf die Bedürfnisse einer weiteren Person einzugehen, ist nachvollziehbar. Zeige ihr deine Aufmerksamkeit mit Massagen, einem Schaumbad (erst nach dem Wochenbett empfehlenswert) oder einem Frühstück am Bett. Setzt du sie nicht zusätzlich unter Druck, findet sie sich schneller wieder in die Rolle der Ehefrau ein.

4) Im Zustand einiger Vernachlässigung und womöglich überflüssiger Pfunde mag sie sich aktuell nicht für attraktiv genug für dich finden; ohne Gründe, wie eine Studie von „ElitePartner" belegt. Denn Männer finden die Partnerin, nachdem das gemeinsame Baby da ist, sogar attraktiver und anziehender als vorher. Überbringe ihr die Botschaft!

Der Wagen kommt wieder ins Rollen

Aus Urzeiten oder einem anderen Leben weißt du noch, dass die Vorbereitung aka Vorspiel nicht in den Federn beginnt, nicht mal unmittelbar davor.

Wie also vorgehen, um den Wagen wieder ins Rollen zu kriegen? Ein zuverlässiger Babysitter ist Auftrag Nummer 1, der dich zu deinem lang ersehnten Siegeszug führt. Mehr Sorgen als üblich, ob Baby in guten Händen ist, sind mit großer Wahrscheinlichkeit der Liebeskiller schlechthin. Daher nicht am falschen Ende sparen! Nummer 2 heißt Aufräumen. Auf dem Weg zum Bett wollt ihr nicht über Babysachen stolpern. Nun hast du die idealen Voraussetzungen geschaffen, um auf eine romantische und babyfreie Nacht pro Woche zuzusteuern. Alternativ reicht auch ein Zeitfenster von ein paar Stunden. Aber denkt nicht nur an Sex. Jede gemeinsame Aktivität außer dem Dienstschieben am Baby kann gut für die Partnerschaft sein. Also, mal ein Film, etwas Sport, ein Spielchen ...

Wie viele wissen, ist Humor sehr dienlich, um den Weg zur Liebe zu ebnen. Also betreibst du solche albernen wie harmlosen Sachen und legst ein süßes Baby-Outfit auf das Bett mit der Notiz, das würde ihr ganz ausgezeichnet stehen beim nächsten Rendezvous. Natürlich nur möglich, wenn eine Bambina und kein Bub in der Krippe liegt. Ist Letzteres der Fall, müsst ihr selber kreativ werden!

Hast du dir humorvoll den Weg zurück zu ihrem charmanten Lächeln gezaubert, kann das Feuer wieder entfacht werden. Fange zärtlich an und falle nicht direkt mit der Tür ins Haus. Zeige ihr, dass Intimität und Nähe im Allgemeinen wichtig für dich sind und nicht nur das Happy End. Eine Massage bei Kerzenlicht und Lieblingsmusik können da sehr dienlich sein. Allerdings wissen wir auch alle, welch entspannte Wirkung guter Sex auf den Körper ausübt. Ein nicht zu vernachlässigender Fakt. Ein reges Liebesleben stärkt zudem das Immunsystem, senkt den Blutdruck und vieles mehr. Laut einer Studie der University of Texas sind Menschen, die regelmäßig Sex haben, zufriedener mit ihrem Aussehen. Und es geht weiter: ein jüngeres Aussehen, als der Personalausweis in Wirklichkeit vorgibt. Wenn das nicht das ausschlaggebende Argument für ein regelmäßiges Bettgefecht ist, weiß ich auch nicht weiter. Die Argumente hast du nun, wende sie weise an!

Glaubt sie keiner Studie, die sie nicht selbst gefälscht hat, musst du dir etwas anderes einfallen lassen. Das Zauberwort heißt „Tauschgeschäft"! Am Anfang ist es schwierig, der neuen Rolle als Mama und Partnerin zugleich gerecht zu werden. Ermögliche ihr Zeit mit Freundinnen, die Therme zu besuchen und abends aufgemotzt das Tanzbein zu schwingen. Im Gegenzug wünschst du dir Zärtlichkeiten. Aber auch für dich bedeutet das Baby eine neue Rolle. Tauscht also nicht nur in eine Richtung!

Und dann ist es endlich so weit …

Genau lässt sich nicht vorausbestimmen, wann der erwartete Ritt stattfindet. Du solltest eine gewisse Ereignisbereitschaft eingehen, ohne etwas forcieren zu wollen. Jeder Tag kann der lang vermisste große Tag sein. Fallen Vorbereitungen dafür an?

Erledige den Gang zum Drogerieladen vorher, um stets bereit zu sein. Da ihr bereits mit dem jetzigen Baby voll ausgelastet seid, sollten Kondome ganz oben auf der Liste stehen. Was habt ihr sonst für euer Liebesleben benötigt? Gleitmittel kann am Anfang noch eine Hilfe für ihre durchlebten Strapazen der Geburt sein. Und auch das Drumherum nicht vergessen. Hört ihr gerne Musik? Dann sollte die Musikbox geladen sein. Vielleicht kannst du sie mit neuen Liedern ihrer Lieblingsmusik überraschen, um die Stimmung vollends anzuheizen? Kerzen, Massageöl … Und versuche zu widerstehen, solange das Baby bei euch im Zimmer ist. Es ist auch ohne seine Gegenwart schon schwierig genug, wieder in die Gänge zu kommen und beide zufrieden zu machen.

Von Besuchern und Vierbeinern

*

Adminrechte gegenüber Dritten ausüben

Es wird immer irgendwen geben, dem du das Neugeborene nicht anvertrauen möchtest – warum auch immer. Kann ein Instinkt sein oder die über dem Kopf schwebende Parfümwolke. Es ist dein gutes Recht, einzuschreiten. Es schadet nicht, sich dafür ein paar Ausreden vorzuhalten, wenn man den wahren Grund nicht aussprechen möchte oder selbst nicht genau kennt:

„Gestern sah sein Stuhl noch so komisch aus. Vielleicht ist das ansteckend?"

„Unser Baby reagiert allergisch auf diese Hemdfarbe. Ich weiß nicht, warum, aber die macht ihn ganz traurig."

„Zu dumm, aber das Baby ist gerade erst wach geworden und echt gereizt."

„Sorry, aber das Baby reagiert negativ auf unangekündigten Besuch. Vielleicht beim nächsten Mal!"

„Den Blick kenne ich! Das schreit nach einem Bäuerchen. Das riskieren wir lieber nicht mit deinem Hemd."

Umgang mit bellenden Vierbeinern

Unsere besten Freunde, die Hunde, sind eigentlich mit der Situation vor der Geburt deines Babys vollkommen zufrieden. Ihnen fehlt nichts: Das Rudel ist nach dem Vorbild der drei Musketiere vollzählig. Dann aber kommt das Menschenbaby und die Welt steht Kopf. Die ganze soziale Ordnung – über den Haufen geworfen! Schnippisch zugeworfene Blicke und tagelanges Nicht-aus-dem-Körbchen-Kriechen sind die Folge dessen. Hoffen wir, dass die Krise bald bewältigt wird und das Baby als Vierter im Bunde akzeptiert wird. Ganz wie du selbst muss der Hund dabei seine Eifersucht in den Griff kriegen, denn alle Liebe und Aufmerksamkeit gehört ja jetzt dem Menschenbaby und auch der Hund muss etwas davon abgeben.

Vorbereitung für die Zeit nach der Geburt

Die Mittel, womit Hunde Dinge begreifen und erlernen, haben mit Assoziation zu tun. Vermeiden wir also negative Assoziationen mit dem Baby, indem wir frühzeitig mit dem Umgewöhnen anfangen, damit der Hund gar nicht auf eine Verbindung der neuen Regeln mit dem Event „Baby" kommt. Weniger Streicheleinheiten für den Hund, Verbannen aus dem künftigen Kinderzimmer, flexiblere Fütterungszeiten, ein Kinderwagen beim Gassigehen – all diese nötigen Änderungen triffst du einen Monat vor der Niederkunft deiner Partnerin oder gar noch früher.

Da dein Hund ein empfindliches Gehör hat und verstärkt darüber, wie über die Nase, seine Welt erfährt, nimmst du eine Gewöhnung an Babylaute vor, noch ehe das „echte" Baby Einzug hält. Du setzt deinen Hund Aufnahmen von Babyweinen und anderen babytypischen Geräuschen aus und gibst ihm und dir Gelegenheit, sich an die spitzen Schreie usw. zu gewöhnen. Es kann sein, dass dein Haustier zuerst in Panik gerät, aber es ist ja lernfähig.

Bestechungen in Form von Leckerlis werden ihm auf die Sprünge helfen und irgendwann sollte es die Tortur über sich ergehen lassen.

Willst du es ganz genau und „pädagogisch" machen, gewöhnst du deinen Hund bereits vor dem Einzug des neuen Zweibeiners an die Rudelerweiterung. Heißt nach dem Anraten einiger Hundefachleute, dass du dir den übergroßen Teddybär vor den Bauch schnallst, den die Großeltern bereits im zukünftigen Kinderzimmer platziert haben. Nun simulierst du die neuen Tagesabläufe, die in ein paar Monaten auf deinen Hund zukommen. Der Hund notiert, dass wer Neues mit ihm um deine Aufmerksamkeit ringt. Er ist nicht mehr der Einzige, mit dem du im sonst menschenleeren Zimmer redest, der gefüttert und betätschelt wird. Entweder hält er dich jetzt für verrückt oder es macht Klick, wenn das „richtige" Baby da ist. Falls du dich mit dem haarigen Teddy vor dem Bauch nicht wohlfühlst, hast du auch die Option, andere frischgebackene Eltern auf einen Kaffee einzuladen. Oder freut sich deine Partnerin insgeheim, nicht alleine mit einem dicken Bauch herumzustolzieren?

Spätestens jetzt wird es dringlich, dem Hund Benimm beizubringen. Also solche Befehle, die ihn zurückhalten, müssen funktionieren. Das ist das Minimum, um die Sicherheit des Babys allzeit gewährleisten zu können. Um es nicht zur schmerzlichen Schicksalsfrage „Der Hund oder das Baby" kommen zu lassen, trainierst du den Hund nötigenfalls, um ihn tadellos zu kontrollieren. Ansonsten wäre kein Platz mehr für den Hund in eurer Familie, so leid euch das tut.

Hygienische Fragen werden geklärt, indem du den Hund zur Untersuchung beim Tierarzt bringst, damit die Impfungen aufgefrischt werden und er entwurmt wird. Versichere dich, dass kein Parasitenbefall vorliegt. Und wenn du im Krankenhaus bei der Entbindung bist, muss ein Hundesitter organisiert werden.

Der Hund im Haushalt mit dem Neugeborenen

Vom besonderen Gehör deines Hundes war schon die Rede. Jetzt ist sein besonderer Geruchssinn dran: Du nimmst ein Textil, welches schon von deinem Baby getragen worden ist, und gibst es zum Schnüffeln an die Nase deines Hundes. Ist es dann so weit und das Baby hält Einzug ins Heim, lässt du deine Partnerin zuerst den Hund begrüßen, während du das Baby in sicherem Abstand trägst. Ist die Aufregung vorbei, kommt der Hund an die Leine und darf aus zwei Meter Abstand den neuen Familiengenossen betrachten. Allmählich bringst du die beiden näher zueinander. Bleiben alle Seiten gelassen, wirst du dem Hund auch mal Gelegenheit geben, das Baby geruchstechnisch zu erfahren. Das war's schon. Das Gesicht lecken lassen geht aber nicht; über Monate hinaus muss das tabu bleiben, denn das Immunsystem deines Babys ist erst noch im Aufbau begriffen. Auch lässt du deinen Hund nie mit dem Baby allein, selbst wenn er nie aggressiv wird und die Güte selbst ist. In einer Stresssituation reagieren Hunde anders als gewohnt, und lieb gemeinte Aufmerksamkeiten seitens des Vierbeiners können unbeabsichtigt zu Verletzungen des Babys führen.

Wir wollen das Beste hoffen: Kind und Hund werden unzertrennlich und haben schöne Jahre der Freundschaft vor sich.

Umgang mit miauenden Vierbeinern

Die meisten Grundsätze, die im Abschnitt zu Hunden angesprochen worden sind, finden auch auf Katzen Anwendung. Dass Katzen aber ein exzentrisches Auftreten mit sich bringen, ist uns bewusst. Verbietet ihr der Katze, sich neugierig dem Baby zu nähern, ist dies eine Kriegserklärung in ihren Augen und sie wird nicht aufhören, bis sie euch vernichtet hat. Ermöglicht ihr ein erstes Beschnuppern, wenn sie danach verlangt. Dies geschieht allerdings fernab des Gesichtes. Will sie nicht, zwingt das Tier keinesfalls. Danach verlieren die miauenden Vierbeiner meist sofort das Interesse an dem unbeweglichen Baby. Sie haben schließlich ihr eigenes Leben. Dennoch möchten wir es vermeiden, Katzen und das Baby alleine in einem Raum zu lassen.

Da du offenbar nun 24/7 mit dem Abpumpen von Milch beschäftigt bist, sucht dein Stubentiger eine neue Wärmequelle zum Ankuscheln. Zur Babywiege vorzudringen und sich dazuzulegen, scheint eine annehmbare Alternative zu sein. Das gilt es zu verhindern! Du willst nicht, dass sich die mehr als 3 kg Fell einfach egoistisch über deinen Thronfolger legen.

Zwei Rezepte gibt es dagegen: Steht die Babywiege (ohne Bewohner), positionierst du etwas, was die Katze auf den Tod nicht ausstehen kann, auf der Babymatratze. Hier kannst du dich an sämtlichen natürlichen Düften bedienen. Deine Katze muss nicht Dracula heißen, um bei gehacktem Knoblauch das Weite zu suchen. Natürlich nicht direkt auf die Matratze legen. Erweise deinem zukünftigen Baby einen Gefallen und lege etwas darunter. Pfeffer, Chili, Zwiebeln oder Apfelessig sind auch gute Alternativen für das empfindliche Näschen des Stubentigers. Nach diesem Geruchserlebnis hält er sicherlich freiwillig Abstand. Eine andere

Methode ist, die Babyliege oder Krippe mit einem Gitter zu umgeben, etwa in der Form eines Zeltes, um auch ein Darüberspringen zu verhindern. Versucht die Katze es dennoch, könnte sie sich verfangen oder sich gar damit strangulieren. Die räumliche Trennung der beiden ist die Ultima Ratio, um derlei Abenteuer zu verhindern (hat bei meinen Katzen Tilly und Hinnerk alles übrigens problemlos funktioniert, aber ich will hier ja nicht angeben …).

Ausstattung und ihre Handhabung

*

Kein Anschluss unter dieser Nummer
– aber immer ein offenes Ohr

Hast du erst mal angefangen, nicht im selben Raum zu bleiben wie das Baby (und wer kann sich das schon erlauben auf die Dauer), empfiehlt sich die Anschaffung eines Babyfons. Eine praktische Sache und ein Instrument der Fernüberwachung, dem man allerdings auch nicht blind vertrauen sollte. Kann ja sein, dass sich fremde Signale in deinen Übertragungskanal zwängen und du eine Fernreportage hörst, die du lieber nicht hören wolltest. Kommst du ins Gehege mit anderen Babyfunkern, kannst du vielleicht noch auf einen zumeist vorhandenen zweiten Kanal ausweichen. Oder das Babyfon geht einfach kaputt und die gehörte Ruhe ist eine trügerische, weil keine Übertragung mehr stattfindet. Funktionstests sind also keine schlechte Idee, immer wieder. Mehrere Geräte erlauben es, die akustische Überwachung über mehrere Räume zu erstrecken, ohne den Apparat jedes Mal mitzubringen und aufzustellen.

Augen auf beim Kinderwagenkauf

Es ist wie beim Autokauf. Die Evaluierung und der Erwerb eines Kinderwagens sind eine wohlüberlegte, von Fachbegriffen geprägte Wissenschaft für sich, wo sich der versierte neue Vater seiner Partnerin von der besten Seite zeigen kann. Die Begriffe sind denen beim Autokauf nicht unähnlich. Nur Manipulationen an Steuergeräten und Dieselabgaswert-Mogeleien wird es in der Kinderwagenbranche wohl so schnell nicht geben. Vorjahresmodelle sowie pneumatische Reifen begegnen dir hier, technische Einzelheiten wie Federungen lassen dich staunen. Riecht der Kinderwagen unangenehmer als die gefüllte Babywindel? Ein Hinweis auf schädliche Stoffe. Finger davonlassen und sich dem nächsten Modell widmen. Hat das zukünftige Bett auf Rädern ein GS-Zeichen? Umso besser. Dann wurde es von einer unabhängigen Organisation bis ins kleinste Detail geprüft. Wie auch immer, überlasse dieses mit Technik beladene Feld nicht deiner Partnerin alleine, sondern nimm es ernst und kümmere dich selbst darum.

Probefahrt

Wie beim Auto: Du nimmst den Wagen, den du zu kaufen erwägst, und führst ihn durch enge Kurven. Wie manövrierbar stellt er sich an? Kannst du ihn einhändig führen? Ist die Griffstange so hoch, dass niemand gebeugt schieben muss? Übe das Hindernisumfahren auf einer Strecke im Laden.

Handhaben beweglicher Teile

Was sich zusammenklappen und wieder ausfahren lässt, führst du am Wagen aus. Ist das auch mit einer Hand möglich? Verriegelungen sind wichtig und müssen bombenfest sitzen, dürfen nicht etwa zu leicht aus Versehen wieder aufgehen. Bremsen und Neigung sind ebenso unter die Dinge zu zählen, die unter Sicherheitsaspekten zu prüfen sind. Ist ein

Sicherheitsgurt vorhanden? Macht das Ganze einen klapprigen oder einen robusten Eindruck, wenn man daran rüttelt?

Tragbarkeit

Ist dir früher die immense Wichtigkeit von Treppen in unserem Alltag aufgefallen? Wo kommen die alle her? Beachte daher beim Kauf, ob du den Kinderwagen ohne Probleme alleine eine Treppe hochhieven kannst. Inklusive Baby und Ausstattung, versteht sich. Die Ladenkasse ist hoch, aber wenn du und deine Partnerin das Teil schwungvoll darauf befördern könnt, ist der Treppentest erfolgreich bestanden.

Und du solltest nicht auf die Idee mancher seltsamer Leute kommen, das Baby selbst aussuchen zu lassen, per Probeliegen und Reaktionstest per Beifallklatschen oder Gezeter. Die müssten eigentlich aus eigener Erfahrung wissen, dass ihr Baby aus unterschiedlichsten Gründen lachen oder weinen kann, seltenst aber damit auf den Kinderwagen deuten möchte.

Einige Bauarten

Fangen wir mit dem „Kombi-Kinderwagen" an. Unter drei Monaten Lebensalter kommt für das Baby nur ein liegender Transport infrage, da es noch nicht gelernt hat, den Kopf aufrechtzuhalten. Diese Wagen erlauben es, das Baby liegend sowie sitzend durch die Gegend zu chauffieren. Der Korb lässt sich vom Fahrgestell trennen und erlaubt es, das Baby schlafen zu lassen, während es vom Wagen ins Auto gehoben oder mit in den Supermarkt genommen wird. Da wird der frischgebackene Vater schnell eifersüchtig auf den Komfort seines Sprösslings. Der Nachteil: Die Exemplare weisen einen stolzen Anschaffungspreis auf und benötigen aufgrund ihrer Maße großzügige Autos für ihren Transport. Zudem ist die Babyschale oft nicht im Anschaffungspreis enthalten.

Dann gibt es die Luxus-Kombi-Kinderwagen, das Trio-Set: Kombi-Kinderwagen inklusive „Reisesystem" mit Tragewanne, Buggy und Autositz. Mehr Luxus gibt es nicht! Sie ähneln dem herkömmlichen Kombi-Kinderwagen, haben aber bereits sämtliche Accessoires inklusive, wie den passenden Babyschalen-Adapter, um den mitgelieferten Autositz mit dem Kinderwagen zu kombinieren. Hast du das Komplettsystem nicht erworben, muss der passende Adapter zum Verknüpfen von Schale und Wagen her. Hierbei achtest du auf das Modell der Babyschale und des Kinderwagens. Auch das Herstellungsjahr ist für ein reibungsloses Verbinden ausschlaggebend. Zu viel des Guten? Du kannst die Babyschalen auch einzeln erwerben. Sie sind das Leichtgewicht unter den Transportmöglichkeiten und bringen meist ein bestehendes Gurtsystem mit.

Wer in der Stadt lebt und viel zu Fuß oder mit öffentlichen Verkehrsmitteln (die für den Einstieg mit Kinderwagen heutzutage ausgestattet sind) unterwegs ist, für den werden leichte Kinderwagen von 4 bis 9 kg Gewicht ausreichen. Die besten Geräte haben einen 5-Punkt-Gurt und eine vierfach verstellbare Rückenlehne, die mit einer Hand bis zur Liegeposition abgesenkt werden kann. Die Preisspanne variiert stark. Suchst du fleißig, kannst du ein gutes Schnäppchen online ergattern. Nachteilig sind die kleinen Räder und der Mangel an Stauraum für Windeln und Co. Backsteinpflastern würde ich zukünftig aus dem Weg gehen. Das Platzproblem hingegen gibt dir die Chance, den coolen Rucksack herauszukramen, der im Büro immer für komische Blicke gesorgt hat.

Meiner Meinung nach sind Regenschirmbuggys am besten. Du musst nicht viel für sie bezahlen, sie sind Leichtgewichte und die aufgespannten Stoffschirme über dem Rahmen können leicht ersetzt werden. Ist auch eine

Empfehlung für alle Meilensammler der Lüfte. Ihr Nachteil ist die geringe Haltbarkeit, wenn sie härter angegangen werden.

Dann haben wir da noch die „Jogger", was dreirädrige Kinderwagen mit der größten Geländegängigkeit sind – was man bei Dreirädrigkeit am wenigsten vermuten würde. Sie verdanken das ihrem hohen Radstand, was sie selbst zu einem sicheren Platz macht, sollte dir die freche Nachbarkatze wieder den Weg abschneiden. Also, wer outdoor unterwegs sein möchte mit Kinderwagen, der hat bestimmt einen Jogger dafür gewählt. Allerdings solltest du mit dem Einsatz eines Joggers warten, bis dein Baby den Kopf stützen kann. Darum kaufst du dieses Modell auch nicht für die Grundausstattung vor der Geburt, sondern erst später, wenn es Zeit dafür wird, ihn gebrauchen zu können.

Dresscode für Babys

Am Anfang kommst du mit einem Universalkleidungsstück für dein Baby aus. Ja, der „Strampler" ist gemeint. Damit hat man die perfekte Lösung für die Bedürfnisse nach Funktion und Bequemlichkeit gefunden; Allroundbekleidung und Nachtwäsche in einem. Noch dazu passen sich dehnbare Textilien im Strampler der aktuellen Anatomie und Art der Aktivitäten des Babys bis zu einem gewissen Grad an. Du kannst dich mit deinem Baby draußen in der Welt damit sehen lassen, ohne dass dich jemand schief anblicken wird. Dass der Strampler, den manche „Schläfer" nennen, voll aufgeknöpft oder -gezippt bestiegen und verlassen wird und daher ohne Halsloch auskommt, durch den man den Kopf stecken muss wie bei einem Pullover, wird das Baby besonders lieben. Denn sie hassen es, Kleidung durch diese Öffnung hindurchgezwängt anzuziehen. Es wird ja dabei auch eng und dunkel – irgendwie bedrohlich. Ein Strampler kann leicht angezogen werden: Baby darauflegen und von Knöchel bis zum Hals zumachen.

Modische Aspekte sind bei der Wahl des Stramplers völlig irrelevant. Dein Baby geht ja (noch lange) nicht mal in eine Kinderkrippe oder den Kindergarten, um sich modisch mit anderen Kindern zu messen. Qualität und Preis sollten den Ausschlag geben, nicht Markennamen und auch keine bunten Figuren darauf. Die Öffnung für den Hals und der Schritt sollten nie zu eng sein.

Unbequemlichkeit wird natürlich von deinem Baby lautmalerisch angezeigt. Gleiches gilt für zu warme Verpackung oder zu luftige Kleidung, in der es friert. Babys Nacken ist ein gutes Messinstrument für derlei Befindlichkeiten – hier kannst du nachfühlen, ob er sich zu kalt oder zu heiß anfühlt, ob Baby hier schwitzt. Eine Bekleidung nach dem „Zwiebelprinzip" lässt sich am besten an das umliegende Raumklima anpassen – also mehrere dünne Stücke übereinander, die sich mal ausziehen, mal hinzunehmen lassen, je nachdem wie warm oder kalt es ist. Und bei niedrigen Temperaturen nicht Babys Hände vergessen – egal wie klein sie sein mögen. Hast du diese beim ersten Winterspaziergang nicht im Kopf gehabt, solltest du den aufopferungsvollen Vater unter Beweis stellen und ihm deine viel zu großen Handschuhe überstülpen. Den Zweck erfüllen auch diese. Für das nächste Mal kannst du dich auf die Suche nach passenden Fäustlingen machen.

Direkt mehrschichtig anliegende Kleidung ist in jedem Fall bei Kälte besser, als Decken zu verwenden, da diese das Risiko eines Erstickens mit sich bringen. Schlafsäcke sind da besser und lassen sich anders als eine Decke auch nicht abwerfen. Wer in Näharbeiten gut ist, kann sich auch einen Babyschlafsack selbst anfertigen.

Sonneneinstrahlung

Bei schönem Wetter im Sommer zieht es euch mit Baby im Gepäck natürlich hinaus an die frische Luft. Dafür ziehst du ihm aller Versuchung zum Trotz langärmlige Kleidung an, die aber ruhig luftig-weit sein darf. Ab einem Alter von einem halben Jahr wird das direkte Sonnenlicht unproblematisch, aber bis dahin muss seine Haut abgedeckt und geschützt bleiben. Du verwendest Sonnenmilch speziell für Babys an solchen Stellen, die unbedeckt bleiben. Wenn Baby die Welt barfuß erkundigt, solltest du nicht vergessen, auch die Fußsohlen einzucremen. Und man mag es nicht glauben, auch die Handflächen bieten Angriffsfläche für einen ungemütlichen Sonnenbrand! Final setzt du Baby einen Sonnenhut auf, um den Kopf vor Hitze und direkter Sonneneinstrahlung zu schützen. Schick mit breiter Krempe und langem Nackenschutz. Fashiontrends sollten bei Babys Outfit keine Rolle spielen!

Sommerschlaf

Was sollte Baby anziehen in richtig warmen Sommernächten? Dafür gibt es Sommermodelle von Stramplern mit besonders leichten Stoffen und ohne Kragen, damit es noch etwas luftiger zugeht. Zeichnet sich ab, dass die Halsöffnung zu eng ist, lässt du den obersten Knopf offen. Ist es ein preiswerter Strampler und Not am Mann, kannst du auch mal mit einem beherzten Scherenschnitt für mehr Weite sorgen. Du kaufst sowieso immer mal Ersatz. Kleidung aus dehnbaren Stoffen hingegen kannst du während der Lagerung mit eingespannten Dingen im Halsbereich des Textils weiten, damit es dann schön weit ist, wenn Baby es angezogen bekommt.

Umgang mit Neugeborenen

*

Das Baby mal antesten

In Ordnung. Der erste Schock ist verdaut und die Dinge normalisieren sich, optisch wie in der Interaktion. Zeit, das Baby mangels Gebrauchsanweisung etwas zu untersuchen. Da könnte man mal schauen, wie es mit den Reflexen und anderen Reaktionen bestellt ist. Mit der Sprachkommunikation hapert es ja noch, also muss man sich körperlich verständigen. Dabei siehst du auch gleich, was dein Baby draufhat und worauf zu achten ist, um zu wissen, dass gesundheitlich alles im Lot ist. Daraus schöpfst du Erkenntnisse, mit denen du bei nächsten Besuchen der Großeltern auftrumpfen kannst.

Wurzelreflex

Auslösung: Es genügt, dem Baby über die Backe zu streichen.

Reaktion: Dein Baby wendet seinen Kopf der Seite zu, auf der es die Berührung wahrgenommen hat.

Anmerkung: Kannst du einsetzen, um das Baby die Flasche finden zu lassen. Oder die Mutterbrust. Nein, nicht deine! Die ist nutzlos!

Moro-Reflex (alternativ als „Klammerreflex" bekannt)

Auslösung: Kippe dein Baby langsam aus dem Sitzen in die Rückenlage. Ein fieses Knallgeräusch oder plötzliches Licht rufen die gleiche Reaktion hervor.

Reaktion: Baby streckt sämtliche Extremitäten aus, gefolgt von einer umklammernden Beugebewegung. Erinnert etwas an einen Babyaffen, die diesen Reflex auch aufweisen (der Apfel fällt nun mal nicht weit vom Stamm).

Anmerkung: Einerseits kann das Baby so an (unvermeidbaren) Lärm gewöhnt werden. Früher diente es zu schnellem Festklammern in Gefahrensituationen an den Leib der Mutter.

Palmar- und Plantarreflex (Greifreflexe von Händen und Füßen)

Auslösung: Du berührst sanft die Handfläche oder die Fußsohle des Babys.

Reaktion: Baby greift nach dem Finger des Erwachsenen und auch die Zehen vermögen sich einzubiegen, in Richtung der Reizauslösung.

Anmerkung: Klar, so lernt dein Baby, Dinge zu greifen. Wie der vorherige Reflex ist es ein Überrest aus jener Urzeit, als sich ein humanoides Junges an der Mutter festkrallen musste. In den ersten Monaten kannst du gar einen Zusammenhang zwischen Greif- und Saugreflex beobachten. Wird der Greifreflex ausgelöst, öffnet sich der Mund. Umgekehrt werden die Hände aktiviert, wenn das Baby mit dem Saugen beginnt – um nach Flasche oder Brust zu greifen.

Stufenreflex

Auslösung: Du hältst das Baby unter seinen Achseln und stellst es so auf seine Füße. Den Hinterkopf musst du dabei freilich noch abstützen, da es diesen noch nicht selbst halten kann.

Reaktion: Du wirst beobachten, dass das Baby die Beine eines nach dem anderen anhebt, als gelte es, Treppen zu steigen. Das entspricht dem Wunschergebnis dieses Tests. Aber übertreibe es nicht: Mehr als den Reflex abfragen sollst du damit nicht.

Anmerkung: Könnte man als Vorbereitung für das aufrechte Gehen ansehen, oder als eine Methode, Dinge durch Treten auf Abstand zu bringen.

Vermeidungsreflex

Auslösung: Du hast das Baby auf einer Decke liegen und bewegst ein Spielzeug auf das Gesicht zu.

Reaktion: Hat das Baby sein Verhaltensprogramm verinnerlicht, muss es jetzt sein Gesicht abwenden und dann die Augenlider schließen.

Anmerkung: Es ist klar – damit soll auf Gefahren reagiert werden mit dem Ziel, Schäden von der empfindlichsten Zone, eben Gesicht und Augen, fernzuhalten. Kannst du etwas trainieren. Dann weicht das Kind Hindernissen auf Höhe seiner Augen besser aus.

Richtiges Halten des Babys

Die Betrachter aus Freundeskreis und Verwandtschaft kannst du in drei Kategorien aufteilen: Die einen werden am Baby kleben und bei jedem Bäuerchen in Verzückung geraten. Die anderen werden versuchen, Abstand zu halten, und zeigen eine gewisse Scheu und Anzeichen von Angstperlen auf der Stirn. Nummer 3 könnte dem Knirps gegenüber nicht gleichgültiger sein. Erfahrungsgemäß sind dies deinem Familienkreis angehörige Jugendliche, die sich mit Smartphone und Hormonüberschuss teilnahmslos im Raum dazugesellen.

Aus Sicht der Kindererziehung ist es keine schlechte Idee, das Baby Tuchfühlung mit diesen Personenkreisen haben zu lassen, sofern daraus keine gesundheitlichen Risiken entstehen. Sein Horizont erweitert sich und es mag für den Erwerb von sozialer Kompetenz eine Rolle spielen, in Kontakt mit mehreren Bewunderern und Nicht-so-Bewunderern zu kommen. Zudem ist dies deine Gelegenheit, einen potenziellen Babysitter an Land zu ziehen. Hast du Glück und deinen Familienangehörigen geht es nicht nur ums Geldverdienen, umso besser. Achte auf folgende Kriterien: Zeigt das Baby Gefallen an der Person? Hat die Person bereits Erfahrung mit Kleinkindern? Stimmt dein Bauchgefühl und die Person zeichnet sich durch Verlässlichkeit aus? Dann unbedingt den oder diejenige merken und warmhalten. Dass die Familie und der Freundeskreis davon angetan sind, in den durchlauchten Kreis der Babyhalter und -schaukler aufgenommen zu werden, versteht sich von selbst. Du zeigst ihnen damit Vertrauen. Sie werden gerührt sein. Das ist, wie einen Orden angeheftet zu bekommen.

Aber wirf nicht dem Erstbesten das Baby in die Arme. Vorher achtest du auf die Einhaltung einiger Regeln: Grundvoraussetzung soll sein, dass sich alle erst mal die Hände waschen, ehe sie das Baby anfassen dürfen. Muss niemand persönlich nehmen; es geht nur darum, die durch

Körperkontakt übertragbaren Viren vom Baby fernzuhalten, wie sie etwa bei Erkältung anfallen.

Jeder soll es in gelockerter Stimmung entgegennehmen. Das Baby spürt, wenn jemand nervös ist, und wird sich dann auch unwohl fühlen. Sind beide entspannt, ist schon mal eine Menge Drama im Ansatz verhindert. Seid ihr gezwungen, das Baby in die Arme einer unruhigen Person zu geben, findet das Entgegennehmen im Sitzen statt. Dies nimmt automatisch etwas Anspannung und verhindert erheblich die Gefahr des Fallenlassens. Um das Köpfchen ausreichend zu stützen, empfiehlt es sich, die Arme über den Beinen zu kreuzen und das empfindliche Genick in der Armbeuge zu platzieren.

Wenn das Bäuerchen zur Gewohnheit wird

Im Grunde ist ein Bäuerchen nichts Negatives, sondern ein Erfolgsfeedback. Hörst du das Baby rülpsen (übrigens sagen wir Männer nicht rülpsen, sondern Bäuerchen, klingt harmloser und wesentlich süßer), ist jeder zufrieden, und du kannst es auch sein, denn das Klassenziel wurde erreicht. Fast könntest du es auf so viele Bäuerchen wie möglich ankommen lassen, um etwas mehr Glücksgefühle zu erhaschen. Dafür gibt es sogar Übungen, die dich deiner emotionalen Belohnung, ein Bäuerchen deines zufriedenen Kindes zu erzielen, versichern. Doch untersuchen wir zunächst die Art des Aufstoßens. Es gibt drei Varianten zur Erzeugung des Bäuerchenvorgangs, auf die wir uns einstellen möchten. Ein Tuch als Spuckschutz, manchmal auch eine Plane, ist ein sinnvolles Zubehör für unsere Absicherung. Deine Kleidung könnte teuer und empfindlich sein; sie verdient etwas Abschirmung. Und nicht jeder möchte erst seinen Regenponcho anlegen, um sich mit seinem Kind zu beschäftigen.

1. Methode:

Du legst Baby auf deine Schulter. Eine Hand hält den Popo, während die zweite den Rücken klopft. Achtung: mit gewölbter Hand „klopfen". Die flache Hand wird ungewollt zu starke Bewegungen ausüben. Und ja nicht das Spucktuch vergessen!

2. Methode:

Bei dieser Methode musst du nicht Hemd, sondern Jeans vor der hervorkommenden Milch des Babys schützen. Also, Spucktuch auf den Schoß und Baby darauf positionieren. Leicht nach vorne beugen und das Kopfstützen niemals vergessen! Es folgen die sanften Rückenklopfer mit gewölbter Hand und Massagebewegungen.

3. Methode:

Du legst Baby auf beide Arme und hältst es vor deinen Körper. Im nächsten Schritt schlängelt sich eine Hand vom Po zum Bäuchlein und die andere stützt den Kopf. Dieser liegt unbedingt höher als der restliche Körper. Et voilà, der Fliegergriff.

Hat das Baby erst mal erlernt und sich weit genug entwickelt, seinen Kopf selbst stützen zu können, tritt eine weitere Technik hinzu, womit du ihm helfen kannst, die widerspenstig in seinem Verdauungstrakt festsitzenden Gasansammlungen geräuschvoll herauszulassen. Dann nämlich setzt du das Baby auf deinen Schoß, hältst es mit beiden Händen fest und rollst seinen Leib allmählich von einer Seite zur anderen. Hoffentlich kommen so weitere Gase an die Oberfläche und verbleiben nicht als Treibladung für Spuckgeschosse im Rohr. Freilich achtest du als treusorgender Vater darauf, dass dein Baby nicht zu weit seitlich hinausragt und wegkippt. Safety First!

Zwei Bäuerchen während jeder Mahlzeit, einmal für den kleinen Hunger zwischendurch und einmal während der Nachtmahlzeit sind für das Baby völlig in Ordnung. Entwichene Gase schaffen Ordnung im Bauch und verursachen keine Beschwerden mehr.

Windeln ohne Beißzange anfassen

Ja, schon. Anfänglich ist das echt eine Plage. Aber du gewöhnst dich an alles. Die Aussicht, in den ersten Wochen ca. alle zwei bis vier Stunden die Windel wechseln zu müssen, verleitet zu Überlegungen, sich darin zu perfektionieren. Alles eine Frage der Technik. Nachlässiges Windelwechseln führt zu Pipi überall (hoffentlich nur Pipi)! Das kann einen Hautausschlag des Kindes zur Folge haben und zu allem Überdruss in einem Umkreis von ein paar Metern Verschmutzungen nach sich ziehen. Und das Chaos, was du mit dem Spucktuch vorher erfolgreich vermieden hast, stellt sich als umsonst heraus.

Grundvorgang:

1) **Was du brauchen wirst**

   Wickeltisch oder waschbare Wickelauflage, die sich perfekt auf der Waschmaschine platzieren lässt, Waschlappen mit danebenstehender kleiner Wasserschale zum Nass-Machen oder feuchte Wischtücher, Wundcreme für den Po und eine frische Windel. Eventuell ein Windeleimer, um das Ergebnis des Babys geruchsneutral zu verstauen.

2) **Wie du vorgehst**

   Zunächst machst du die Laschen der getragenen Windel auf und drückst dessen klebrige Enden an der Windel an, damit die Klebeflächen nicht auf der Babyhaut landen. Die Fußknöchel des Babys sollten nicht aneinanderreiben, weshalb du einen Finger dazwischen hältst. Genannter Griff verwendet einen Daumen um das eine Bein, den Zeigefinger zwischen den Beinen, und die restlichen Finger umklammern das andere Bein. Du hebst die Beinchen mit diesem Knöchelgriff vom Tisch hoch und legst eine saubere Windel unter die verschmutzte, um nötigenfalls eine Absicherung zu haben, falls das Baby ausgerechnet jetzt loslegen muss. Während du das Baby so an den Beinen angehoben hältst, ziehst du die schmutzige Windel unter ihm weg und wischst den besudelten Bereich des Kinderkörpers ordentlich ab (noch ohne ihn auf die neue Windel sinken zu lassen). Bei Jungen ist jetzt besondere Vorsicht und schnelles Handeln vonnöten. Lege sofort den Waschlappen über den Zipfel, wenn dir was an deinem Hemd liegt. Wenn es sich um das letzte Urlaubsmitbringsel von Schwiegermama handelt, warst du eventuell eine Sekunde zu langsam, um das Desaster der Spritzflecken abzuwenden, und erzählst die Story beim nächsten Familienessen mit trauriger Miene. Nicht, dass ich davon je Gebrauch gemacht habe! Bei Mädchen gilt Folgendes zu beachten: Wische beim Säubern immer von vorne nach hinten. Andernfalls kann es durch Bakterien aus dem After zu Infektionen im Genitalbereich kommen. Und egal mit welchem Griff du beschäftigt bist: Du beobachtest das Baby mit Adleraugen. Auch beim raschen Hinübergreifen zum Waschlappen.

3) **Fast geschafft**

Nach erfolgter Reinigung und Ablegen der verwendeten Wischtücher wird der Babykörper auf die neue Windel sinken gelassen. Den Boden faltest du zwischen seine Beine und machst die beiden Seiten mit den Klebelaschen fest. Die Windel sollte nicht zu eng sitzen. Zwei Finger zwischen Baby und der Windel signalisieren dir, dass gerade genug Luft ist. Sitzt, passt und hat (zwei Fingerbreit) Luft!

Reflex-Spiele für das Baby

Zu den ersten und besten Optionen, über ein Spiel mit deinem Baby zu interagieren, gehören „Reflexspiele". Du setzt dabei Gegenstände oder Reize ein, auf die das Neugeborene körperlich reagiert.

Fangen wir an mit den Spielen zur Illustration der sensorischen Entwicklung:

1) Visuelle Rezeption

Die Nervenzellen für das Sehvermögen sind bei der Geburt bereits vorhanden. Die Vernetzung untereinander steht noch aus. Sehreize fördern die Entwicklung. Daher ist ein tägliches Üben des Sehens von immenser Wichtigkeit.

Greif die Babyrassel mit ihren kräftigen Farben und halte sie mit einem maximalen Abstand von 30 cm vor Babys Gesicht. Bewege sie langsam, damit Babys Augen ihr folgen können. Das Fokussieren verlangt hohe Konzentration, Koordination und Augenmuskelkraft. Schließt Baby kurz vor Anstrengung die Augen, sei nicht besorgt. Nach dem ersten Monat fällt ihm das Spiel leichter.

2) Akustische Rezeption

Hören kann das Neugeborene bereits ausgezeichnet, mit einer Präferenz für hohe Stimmen über den tiefen. Wir stellen uns darauf unbewusst ein, indem wir in der „Babysprache" die Stimme albern anheben. Nun zerknüllst du auf einer Seite des Neugeborenen die Snickersverpackung, bringst durch Schütteln der M&M-Tüte die Schokolinsen zum Klappern oder lässt die Eisteedose beim Öffnen zischen. Dein Baby sollte reagieren und seinen Kopf zu der Seite drehen, woher die Laute kommen. Wiederhole die Geschichte für die andere Seite. Hast du die erwähnten

Lebensmittel aus dem Stegreif zur Hand? Dann unbedingt das Kapitel mit den Sportübungen lesen, Buddy!

3) Sensibilität

Diese Fähigkeit hat das Baby als erstes Sinnesorgan noch im Bauch der Mutter ausgeprägt, weshalb die ganze Hautfläche ab der Geburt schon voll bereit ist, Berührungen zu fühlen, wenn auch nicht alle Bereiche gleich sensibel sind. Handflächen und Fußsohlen und die Umgebung des Mundes sind am ausgeprägtesten.

Du setzt diverse Hautbereiche einer Anzahl unterschiedlicher Reize aus: dem einer aufgewärmten Milchflasche, dem eines nassen Zipfels des Spucktuches (gesäubert natürlich), des weichen Kuschelkumpanen aus der Krippe ... Selbst dein extrem ausgeprägter Atem nach dem Workout ist geeignet für einen Sensibilitätstest auf der Hautfläche.

4) Riechorgan

Das Näschen unseres Babys arbeitet bereits ausgezeichnet und erweist sich als Kenner des Duftes der Milch von Mutti. Und natürlich hilft das, die Brustwarze zu finden.

Einige Lebensmittel mit stark riechendem Charakter kannst du deinem Baby testweise unter das Näschen halten. Das sind: Senf, Gewürze wie Koriander, deine Bärchenwurst ... Nein, keinen Schnupftabak versuchen.

5) Geschmackssinn

In der frühen menschlichen Entwicklung gibt es diese Vorliebe für alles Süße, die sich durch die gesamte Kindheit zieht (und vielleicht lebenslang andauert). Das ist bei Babys schon voll vorhanden. Du stellst dich darauf ein und bietest dem vernaschten Baby vorzugsweise süße Speisen an und hältst im ersten halben Jahr saure Lebensmittel auf Abstand.

Ein Monat ist vorbei – die erste Krise folgt

Nicht jeder ist mental darauf vorbereitet, Vater zu werden, und kann davon wie von einer Ohrfeige getroffen werden. Anfangs wirst du mit Aufmerksamkeit überschüttet; es regnet Geschenke, Babynahrung und Hilfsangebote. Ein paar Wochen nach der Geburt legt sich der Sturm plötzlich. Du fühlst den Verlust deines früheren Lebens; es ging unwiederbringlich verloren und jetzt gibt es nur noch dieses aufzehrende Langzeitprojekt da – das Aufziehen eines Kindes.

Während dieses „Durchhängers" werden Gefühle der Niedergeschlagenheit und des Versagens dein Leben prägen. Anders als bei deiner Partnerin sind die Hormone nicht schuld, sondern Stress und eine übertriebene Erwartungshaltung, der Rolle als Vater und gleichzeitig Alleinverdiener gerecht zu werden. Dass du nicht der erste Vater auf der Welt bist und die anderen es auch geschafft haben, stimmt dich in diesem Moment weniger heiter – der Fakt, dass nach zwei bis drei Monaten die Gewohnheit eingesetzt haben sollte und die Depression verfliegt, erfahrungsgemäß mehr. Du hast Einfluss darauf, es dir leichter zu machen, indem du folgende Fortschritte bemerkst:

1) Inzwischen kann das Baby mehrere Stunden am Stück schlafen, ohne alle Welt dazwischen zur Erfüllung seiner Befehle aufwecken zu müssen.

2) Du hast eine gewisse Routine erreicht und gehst geschickter mit deinem Baby um.

3) Dein Baby kann dich jetzt anlächeln und nicht nur mit Geweine nerven.

Sollte die Depressionsphase wider Erwarten länger als drei Monate weitergehen und du kommst an einem Punkt völliger Erschöpfung an, solltest du mit deiner Partnerin und deiner Umgebung darüber sprechen und dir Rat einholen. Reicht das nicht, kannst du dir professionelle Hilfe suchen. Das deutsche Müttergenesungswerk bietet zum Beispiel Vater-Kind-Kuren an.

In die Wanne mit dem Nachwuchs

Hier kommt eine den Fähigkeiten eines Chuck Norris entsprechende Aufgabe: Babybaden! Schnelle, gezielte Handgriffe, dem Baby immer einen Schritt voraus, sind deine Strategie zum Erfolg. Die wirst du benötigen! Denn für einen Couch-Potato, wie dein Baby einer ist, ist es unglaublich dreckig. Wie oft die Woche du das Prozedere durchstehen musst? Ganz einfach: Riecht dein Baby nach geronnener Milch? Dann steht ein Vollbad auf der Liste. Ist seine Haut ausgetrocknet? Dann schaltest du einen Gang zurück, Norris.

Was brauchst du alles fürs Baden?

1) Waschbecken, Babybadewanne oder Baby-Badeeimer

2) Wassereimer

3) mehrere Waschlappen

4) Badethermometer

5) klares Wasser, da Schaumbad die Haut austrocknet

6) eine pH-freundliche Seife oder Waschlotion für Babys

7) ein frisches, griffbereites Handtuch, um das Baby darin einzuwickeln

8) ein nicht zu munteres oder gar hungriges Baby – passe den Zeitpunkt des Reinigungsvorganges klug nach seiner Stimmung ab

Wo stellst du die Wanne auf? Denke dir einen guten Kompromiss aus zwischen Nähe zu einem Wasserhahn, deiner Arbeitserleichterung und dem Komfort des Badegastes.

Oft wird die Babybadewanne in einer Fullsize-Badewanne aufgestellt. Dass dies ein verbreiteter Gebrauch ist, siehst du schon daran, dass viele

Babywannenmodelle dafür ab Werk entsprechende Größe und Befestigungen aufweisen. Vorteil dieser Lösung ist, dass die Höhe ideal eingerichtet ist und die Wannenarmatur alles Wasser liefern kann, komfortabel auch noch über eine mobile Brause. Jedoch wirst du den Wasserhahn nicht direkt auf das Baby plätschern lassen – das Wasser sollte indirekt eintreffen.

Findet die Aufstellung woanders statt, ziehen unsichere Eltern es vor, die Wanne für die ersten Versuche direkt auf den Boden zu stellen, aus Sorge, das Baby könnte fallen gelassen werden. Da Wasserfontänen die Massivholzdielen nicht allzu glücklich stimmen, sollte ein Handtuch oder Badezimmerteppich als Unterlage dienen – das Gleiche gilt für rutschige Fliesen. Auf Dauer wirst du schnell nach Alternativen suchen, weil deine nach vorne gebeugte Körperhaltung nicht gerade zur Entspannung deines strapazierten Körpers beiträgt.

Alternative: Mit Papa in der großen Wanne

Wenn du siehst, dass deinem Baby die eigene Babywanne nicht liegt und zu einengend ist (oder es zu groß dafür wird), kannst du es mit in die Erwachsenenwanne nehmen. Aber auch das braucht wieder Eingewöhnung.

Wie das Baden abläuft

Lasse warmes Wasser in den Eimer und die Wanne laufen. Natürlich möchtest du dir später nicht nachsagen lassen, dein Kind sei „wohl zu heiß gebadet worden". Also hältst du die Temperatur mäßig warm, nicht zu heiß. Mit dem hineingehaltenen bloßen Ellenbogen kannst du ganz gut die Temperatur fühlen. In der Wanne selbst brauchst du nur etwa einen Drittelliter Wasser für den Anfang.

Das Baby wird aus seiner Kleidung geschält und in die Wanne verfrachtet, immer schön sachte. Könnte ihm kalt werden? Dagegen kannst du etwas warmes Wasser aus dem Eimer auf es tröpfeln lassen. Eine Hand muss dabei immer das Baby halten.

Von der Nase ausgehend wischst du mit dem frischen Waschlappen die Augen ab (rechne hier mit etwas Widerstand), danach sind das restliche Gesicht, die Ohren und die Halspartie fällig. Du wirst überrascht sein, wie viel Schmutz zwischen die faltige Haut des Nackens passt.

Für den Waschvorgang werden alle Gliedmaßen bewegt, um auch unter die Achseln, in die Kniekehlen und Beinfalten zu gelangen. Vergiss nicht, den Bauchnabel auszuräumen. Und natürlich gibt es Zehenzwischenräume und die Pofalte. Seife brauchst du nur wenige Male in der Woche, sonst wird reines Wasser reichen. Die Haare nimmst du dir erst am Schluss vor, weil über den großen Kopf im nassen Zustand beträchtlich viel Wärme verloren geht. Für die Kopfwäsche genügen wenige Tropfen Shampoo einige Male in der Woche.

Was bleibt zu tun? Du nimmst das Baby aus der Wanne und hievst es auf das Handtuch, wo es trocken getupft wird. Noch Windel verpassen und anziehen, fertig. Auf in die nächste Runde des Einsauens …

Doch halt, wir müssen noch ein paar Detailfragen ansprechen.

Keine Heulerei wegen Haarewaschen

Du wirst selbst den unangenehmen Effekt kennen, wenn man Shampoo in die Augen bekommt. Dem Baby geht es nicht anders. Lege also einen trockenen Waschlappen über seine Augen, während du aus dem Eimer oder der Wanne Wasser auf den Kopf gießt.

Großflächige Schuppen auf dem Kopf?

Hast du beim Babyhaarewaschen Hautschuppen und Flocken auf der Kopfhaut bemerkt? Dafür gibt es einen Namen: Das ist die sogenannte „Wiegekappe" oder auch der „Milchschorf" (lat. „Pityriasis capitis"), Symptom einer häufigen Neugeborenenerkrankung (70 %), die komplett harmlos ist und nach drei Monaten von selbst verschwindet. Gegen die Schuppen kannst du ein vitaminreiches pflanzliches Öl verwenden, womit du den Kopf einreibst. Möglichst geruchlos sollte es sein. Was du dagegen nicht tun solltest, ist, dem Baby zuhause ein Mützchen aufzusetzen, denn der Schweiß und die fehlende Luftzirkulation darunter sind nicht gerade vorteilhaft für die Genesung.

Wie du verhinderst, dass dir das Baby wegflutscht

1) Eine Socke als Handschuh:

Besseren Halt als deine bloßen Hände verspricht ein Textil zwischen dir und der Babyhaut. Dazu reicht es, eine Baumwollsocke überzustreifen und als Handschuh zu gebrauchen. Besser noch, du nimmst eine alte Socke (die andere ist vielleicht schon von der Waschmaschine „gefressen" worden?) und schneidest ein Loch hinein, wodurch du deinen Daumen stecken kannst. Jetzt kannst du besser damit arbeiten.

2) Unter die Achselhöhle einhaken:

Verrutschungsfrei gehalten wird das Baby, wenn du mit Daumen und Zeigefinger seinen Oberarm umschließen kannst, während dein Handgelenk den Hals stützt, der Kopf ruht somit auf dem Unterarm.

Unfälle können vorkommen

Kann gar nicht ausbleiben, dass dir das Baby mal in die Wanne macht. Das kann nerven, aber lässt sich nicht vermeiden. Wir schaffen rasch Abhilfe: Baby rausholen, in das Handtuch wickeln und auf sicheren Untergrund legen. Jetzt die Wanne auskippen, ausspülen und neu befüllen. Jetzt muss nur ein neues Handtuch für das Ende des Badevorgangs bereitgelegt werden – und es kann weitergehen. Oder du fängst noch mal von vorne an, falls das Kind durch seine Exkremente verschmutzt wurde.

Ist es nur Urin – und kann man das sonst überhaupt ausschließen? – kannst du auch darüber hinwegsehen und einfach weitermachen.

Der Tauchreflex

Kann schon mal passieren, dass der Babykopf für eine Sekunde unter Wasser gerät. Darüber muss man sich nicht beunruhigen, denn einige Monate lang verfügt das Neugeborene über einen Schutzreflex, der es daran hindert, Wasser statt Luft zu inhalieren.

Sachen, die man beim Baden gut brauchen kann

— Eine Badewannenauflage hält dein Baby und sorgt dafür, dass der Kopf über Wasser bleibt. Wird über die Wanne gelegt und besitzt eine oder zwei seitliche Ablageflächen für Zubehör.

— Dasselbe mit Tragegurt oder Tragetuch soll zusätzlichen Schutz vor Verrutschen bieten. Ohne montierten Gurt ist es dann eine reine Babywanne. Könnte bei geeigneter Form auch ins Waschbecken passen, nicht zwingend auf die Fullsize-Badewanne.

Tränen und Geheul – richtig damit umgehen und die 6 Bedürfnisse herausfinden

Eine unter Hormoneinfluss stehende Partnerin, ein nörgelnder, ungeduldiger Boss (warum musst du auch in Elternzeit gehen?), beleidigte Kollegen, die denken, du liegst gammelnd auf der Couch, während sie deine Aufgaben übernehmen … Die Liste ist endlos fortzuführen! Und nicht zu vergessen: Der Endgegner, der alle in den Schatten stellt. Das Baby! Jedoch ist dieser auch am einfachsten zu manipulieren. Die anderen lachen nicht, wenn die Couch Furzgeräusche von sich gibt, wenn du dich niederlässt. Denk mal drüber nach …!

Um sich nicht völlig willenlos dieser Diktatur zu ergeben, musst du lernen, hier und da eine Grenze zu setzen. Heißt, auf Aktion und Aufmerksamkeitsgekreische folgt keine unterwürfige, sofortige Reaktion deinerseits! Leicht ist das nicht. Unser Ohr ist gerade in dem Bereich am sensibelsten, in dem sich die Babyschreierei abspielt – um die 3 kHz. Stelle dich darauf ein, innerhalb des ersten Jahres 500 Stunden mit dieser Musik in den Ohren leben zu müssen. A und O der ganzen Sache ist, das Geplärre zu dechiffrieren und herauszubekommen, was das Baby braucht. Es hat sechs Anlässe dafür, die wir kennen sollten.

Gibt es einen Zusammenhang zwischen Tonhöhe, Lautstärke und dem Bedürfnis, das gestillt werden soll? Vielleicht kriegst du es mit der Zeit heraus, wenn auch das Baby lernt, sich zu artikulieren. Bis dahin hilft nur ausprobieren. Ein Grundbedürfnis nach dem anderen wird angeboten zu erfüllen. War es nicht das richtige, geht die Schreierei weiter. Also, wenn du hier bereits gelernt hast, dass dieser Schrei der Milchbar gilt und jener Schrei etwas anderem, hast du schon eine Hürde genommen und kannst nächstes Mal zielgerechter reagieren. Bei Babys mit herabgesetzter Reiztoleranz, was nichts anderes heißt, als aus jedem banalen Grund anzufangen zu schreien, ist das eine Wissenschaft für sich. Hoffen wir, dass du bald die wichtigsten Verlautbarungen einordnen kannst (und hoffen wir weiter, dass sich dein Exemplar daran hält). Die da sind:

1) Hunger

Für den Schrei nach der Milchbar ist Babys Kreativität gewaltig. Wer bekommt keine schlechte Laune beim grummelnden Magen? Anfängliches Stöhnen, von Rhythmus geprägt, wird von variierenden Tonhöhen ergänzt, bis dein Gehör kurz vor dem Versagen steht. Gott sei Dank wird jeder Schrei von einer kurzen Pause begleitet. Nicht zu lange durchatmen! Das Ganze wiederholt sich rasch, bis du noch rascher mit der Milchflasche um die Ecke geeilt kommst.

2) Müdigkeit

Die Augen werden gerieben und soundtechnisch von Atemgeräuschen untermalt, die in ihrer Intensität zunehmen. Ein zartes Blubbern folgt. Erinnert irgendwie an den Walgesang zu den Meditationsübungen deiner Partnerin, oder nicht?

3) Schmerz

Mein absoluter Favorit, da unsere Couch unter einer Dachschräge platziert ist. Der Schrei ertönt so plötzlich, dass er dich sofort von besagter Ruhestätte hochfahren lässt. Zack, das war die Dachschräge!

4) Unbehagen

Es wird geschluchzt, was das Zeug hält. Trainierst du ausgerechnet jetzt, dich nicht völlig der Diktatur des Babys zu unterwerfen, endet das Schluchzen in einem unvorstellbaren Heulton. Gerade ist vielleicht nicht der Zeitpunkt, deinen Standpunkt klarzumachen!

5) Langeweile

Beginnt als vereinzeltes Wimmern, durchaus nicht laut, hört auch mal auf und wird nach Pausen fortgesetzt. Kommt jemand hinzu, kann es ganz verebben, denn dann setzt die Bespaßungserwartung ein.

6) Infantile Kolik

Heftiges Gebrüll von stundenlanger Ausdauer. Die einzelnen Klagelaute knacken fast die Fünf-Sekunden-Marke und rauben nicht nur dem Baby seinen Atem.

Hinhalten, Vertrösten, Besänftigen, Ablenken

Wenn die Bedürfnisse alle durchprobiert wurden und das Weinen trotzdem anhält – was tun? Jetzt kannst du dich um raffiniertere Taktiken der psychologischen Kriegsführung bemühen. Hier siehst du eine Reihe erprobter Hausmittel. Wenn eines davon nicht funktionieren sollte, brauchst du es nicht gleich ganz verwerfen, denn es könnte genauso gut ein andermal funktionieren.

Druckentlastung im Gaswerk

Im Innern des Babys können sich Probleme aufgrund von Verdauungsvorgängen abspielen, ohne dass das Kind, oder du, diese als Ursache ausmachen kann. Blähungen gehören dazu.

Hier sorgst du für Stellungswechsel und Bewegung: Dafür legst du Baby auf den Rücken und schiebst langsam seine Beine Richtung Oberkörper. Die „Hockstellung" hilft Baby beim Ablassen unnötiger Gase. Diese finden final ihren Weg per Bäuerchen oder Pups heraus. Demnach nicht zu weit nach vorne beugen!

Wärme ist ein erprobtes Hausmittel und bewirkt wahre Wunder beim Beruhigen des Bauches. Kirschkernkissen oder Wärmeflasche verhelfen dir zum Ruhigstellen von Baby. Sind diese nicht im Haushalt vorzufinden, kannst du die Utensilien für wenig Bares im Drogeriehandel erwerben. Und wie bei der Fütterung mit warmer Milch darauf achten, dass du die Wärme vorher tapfer an deinem eigenen Körper testest, bevor sie den Weg auf den rumorenden Babybauch findet.

Hilft alles nichts, kannst du dich folgender Heilmittel bedienen, falls Baby schon mit Beikost begonnen hat: Kümmel- oder Fencheltee. Für pflanzliche Medikamente, wie Kümmelzäpfchen, und weil der Tee vielleicht geschmacklich nicht in Babys Menüplan passt, kannst du dich vom Kinderarzt oder eurer Hebamme beraten lassen.

Abwechslung muss her

Auch das Baby freut sich über Veränderungen und Perspektivwechsel. Das sorgt schon mal für Aufmerksamkeit und Faszination.

Da Babys einen ausgeprägten Radar für schlechte Schwingungen haben, solltest du ganz schnell deine Stimmung aufhellen. Also zaubere dir selbst ein Lächeln ins Gesicht, um Babys Stimmung aufzuhellen. Und bekanntlich ist Lächeln ja ansteckend. Oder was hältst du alternativ von der Idee, dich zum Deppen zu machen? Sind wir ehrlich, ist das die Aufgabe, auf die sich alle frischgebackenen Väter am meisten freuen. Ohne schief von Mama angeguckt zu werden, hast du die Erlaubnis, komisch auf allen Vieren durch den Raum zu kriechen, bellende Geräusche zu machen und begleitend Grimassen zu schneiden. Vielleicht vergisst dein Baby bei diesem Anblick seinen Missmut?

Schaut dich Baby nach wie vor komisch von der Seite an, versuche, es mit Körperkontakt zu besänftigen. Hierfür ziehst du Baby aus und legst es auf deine nackte Brust. Durch deinen rhythmischen Herzschlag und deine Wärme kannst du langsam beobachten, wie die Entspannung in den kleinen Körper zurückkehrt. Du kannst ihn dazu mit Streichel- oder Kitzeleinheiten auf Bauch, Brust oder Hals verwöhnen. Wer würde da nicht in bessere Laune verfallen?

Willst du dich lieber weiter zum Deppen machen? Kein Problem. Ein kleines Spielchen kann auch dienlich sein. Drücke dir hierzu auf die Nase und mache ein Geräusch – Kuh, Frosch, Delfin … Nun folgt das Nasedrücken bei Baby. Ahmt es das Geräusch nach? Laut einer Frühpädagogin hilft dieses Spiel sogar bei der Selbst- und Fremdwahrnehmung des Babys.

Zu guter Letzt kombinierst du sämtliche akustische Reize. Kinderlieder singen, Musik vorspielen, alles ist möglich! Und auch das Erledigen von Hausarbeiten erzeugt eine beruhigende Geräuschkulisse für Baby. Das Geräusch von Staubsaugern hat, Gott weiß warum, eine positive Wirkung auf Babys. Perfekt, um zugleich ein Lächeln in Mamas Gesicht zu zaubern. Föhn oder Dampfabzug haben die gleiche Wirkung.

Babynostalgie

Kaum zu glauben, dass ein Lebewesen in diesem Alter bereits nostalgische Gefühle haben kann. Aber es stimmt! Der Mutterleib war warm, sicher und hat vor Reizüberflutung geschützt. Dass sich Baby nun damit abfinden muss, jeden Morgen in einer chaotischen Welt die Äuglein zu öffnen, ist ihm noch nicht klar. Du solltest ihm diese Erkenntnis schonend beibringen und es dabei unterstützen.

Lege es auf deinen Arm, um beispielsweise das Schweben im Fruchtwasser des Mutterbauches nachzuahmen. Hast du ihm im Mutterleib Kinderlieder vorgesungen? Perfekt! Im letzten Drittel der Schwangerschaft hat Baby dich bereits hören können. Und da du eine schöne tiefe Frequenz mit deiner Stimme aufweist, konnte es dich mit hoher Sicherheit schon wahrnehmen. Daher singst du ihm die bekannten Lieder vor, während du es auf dem Arm hin und her schaukelst. So kannst du ihm hoffentlich die große, kalte Welt etwas besser verkaufen.

Hilft all dies nicht, musst du tiefer in die Trickkiste greifen. Hierfür hilft ein einfaches Wickeltuch zum Nachahmen der Wärme und Enge im Mutterbauch. Einfach Baby auf die Mitte des Tuches platzieren und eng einwickeln – nicht zu eng, versteht sich.

Während eine große Zahl Neugeborener auf diese Techniken positiv anspricht, kann es sein, dass dein Baby zu jenen Hardcore-Realisten gehört, die sich eher nicht zurückwünschen, sondern positiv-erwartungsvoll der Zukunft dieser irdischen Existenz entgegenschauen. Das findest du schon heraus, denn Baby wird es sich anmerken lassen, ob es diese Tricks braucht oder nicht.

Wenn die dunkle Stunde kommt …

In dieser kritischen Zeit, den frühen Monaten seit der Geburt, zeigt die Mehrheit der Babys zum Tagesende eine merkwürdige Nervosität. Wie sich diese bemerkbar macht? Du kommst in den sagenhaften Genuss, in der ersten Reihe eines weiteren Schreikonzertes Platz nehmen zu dürfen. Und hierfür brauchst du lediglich zum Feierabend nach Hause zu kommen. Beginn ist zwischen 18 und 20 Uhr! Für dieses Erlebnis brauchst du nicht mal – nach Fachjargon – ein „Schreibaby" zuhause auf dich warten haben. Warum Baby in dieser Zeit in ein depressives Tief verfällt? Um sein Tagesgeschehen zu verarbeiten. Dass es generell noch nicht zu angetan ist, sich in der Welt zu befinden, weißt du bereits. Hinzu kommt die tägliche Reizüberflutung! Warst du am Tage in einem lauten Einkaufszentrum, brockst du dir und deinen Nachbarn zum Beispiel ein lauteres Konzert als am vorherigen Abend ein. Zum Trösten ist es besonders wichtig, nicht zu viel Action und Entertainmentprogramm walten zu lassen, da das gewünschte Ergebnis das Babybettchen darstellt.

Was dagegen hilft? Auch wenn ein Tapetenwechsel wichtig ist, übertreibe es nicht mit den Ausflügen tagein, tagaus, damit Baby nicht zu ausgelaugt in seine Abendstimmung verfällt. Versuche, die Reizüberflutung auf erträglichem Niveau zu lassen. Währenddessen kannst du dich mit diesen Informationen zu trösten versuchen:

1) Die „dunkle Stunde" oder „Jammerstunde" ist in drei Vierteln aller Babyhaushalte ein lästiger Gast.
2) Nach einer Umstellungszeit von zwölf Wochen ist Schluss damit.

3) Wenn die Tröstungen nicht fruchten, wird man das Baby im Heulzustand auch mal sich selbst überlassen müssen. Das ist nicht weiter schlimm und hat keine negativen Nachwirkungen.

Wer sich nicht in rettenden Abstand bringen kann, dem bleibt immer noch die Möglichkeit, sich die Gehörgänge mit Ohrstöpseln zu versiegeln. Ja, manchmal kannst du dir nicht anders behelfen gegen eine hundert Dezibel starke Kreischmaschine, die du nicht abstellen kannst.

Mit Koliken umgehen

Bauchschmerzen, oder Koliken, sind eine andere Plage, die sich durch nichts verhindern lassen. Dein Baby weiß sich auch hier nicht anders zu helfen als mit fortgesetztem Schreien und Weinen. Was kann es auch anderes machen? Selbst Chuck Norris hat in diesem zarten Alter noch geflennt, wenn es im Bäuchlein rumorte. Lass dir von schlechten Actionfilmen nichts anderes einreden! Acht Wochen lang rumort es ohne Ende, ein Fünftel aller Babys ist davon betroffen. Man weiß nur, dass die Ursache mit dem Verdauungstrakt zu tun hat.

So plötzlich, wie die Koliken kommen, verschwinden sie wieder. An das Drama erinnern nur deine gebliebenen tiefblauen Augenringe und Traumata, die durch jedes kleine Rumoren des Bäuchleins wieder an die Oberfläche kommen.

Die „Koliken" der Säuglinge, auch oft „Dreimonatskoliken" genannt, sind keine spezifische Erkrankung. Mit dem Begriff wird ein bestimmtes Verhalten der Babys beschrieben, das verschiedene Ursachen haben kann. Je nach Ursache kommen unterschiedliche Abhilfemöglichkeiten in Betracht.

Der Begriff der Koliken beschreibt ein Verhalten, das viele Babys in den ersten Lebenswochen vor allem gegen Abend zeigen: Sie schreien, ziehen die Beine an, sind schwer zu trösten und scheinen Bauchschmerzen zu haben. Meistens beginnt dieses Verhalten im Alter von zwei bis drei Wochen und lässt nach etwa drei Monaten deutlich nach. Allerdings sind nicht alle Koliken auf Bauchschmerzen zurückzuführen, sondern sind manchmal Ausdruck davon, dass das Kind sich in seiner Haut nicht wohlfühlt. Neben den bereits vorgestellten Maßnahmen zur Minderung des Innendrucks kannst du folgende Tricks versuchen.

Popeye-Griff

Dafür beugst du den Arm und setzt das Baby auf deine Handinnenseite, während du es in deine Richtung blicken lässt. Nun wird das Baby nach vorne gekippt, bis es auf deinem Unterarm zu liegen kommt. Der Kopf liegt nun in deiner Ellenbeuge. Immer um sicheren Halt bemüht, schaukelst du jetzt Baby von Seite zu Seite, während der Rücken gestreichelt wird. Dein Unterarm wirkt als Gegendruck auf den Babybauch und sollte auf die Koliken besänftigend wirken. Dies und das Schaukeln werden das Baby hoffentlich beruhigen.

Die therapeutische Kombo Wäschetrockner + warmes Handtuch

Funktioniert natürlich nur, wenn du einen Wäschetrockner zuhause hast. Neben seiner Grundfunktion kannst du ihn auch als Therapieapparat gegen Babys Koliken einsetzen. Dazu nimmst du zunächst ein gerade bearbeitetes, noch warmes Handtuch aus dem Trockner und gibst ein kühles Handtuch hinein. Los geht es mit dem Trockenvorgang der Maschine. Du setzt dich oben auf die Maschine, benutzt das gefaltete oder gerollte warme Handtuch als Unterlage und legst Baby bäuchlings darüber – mit seinem Magen genau auf dem Textil. Wegen der Erschütterungen durch die laufende Maschine hältst du sicherheitshalber Babys Po fest, damit es nicht runterrutscht. Bemerkst du, dass das Handtuch keine Wärme mehr abgibt, tauschst du es mit dem im Trockner aus, und weiter geht's wie beschrieben. Die Summe aller Faktoren – Wärme, Vibration, Lage, das Maschinengeräusch und deine Hand auf dem Baby – kann eine hartnäckige Kolik wirklich lindern helfen.

Überzeugungsarbeit an der Milchpumpe

LED-Touchscreens, USB-aufladbar, intelligentes Pumpen dank Smartphone-App. Lediglich die Sprachfunktion fehlt ihnen noch. Elektrische Milchpumpen mit oder ohne Kabel, manuelle Retro-Pumpen – allesamt ermöglichen der Partnerin mehr Freiheit. Die 24-Stunden-Versorgungsbereitschaft gehört der Vergangenheit an. Es gibt Männer, die trotzdem eine Abneigung gegen die Milchpumpe entwickeln, was wohl mit Eifersucht zu tun hat. Sitzt das Ding doch ständig an der gefüllten bloßen Brust der Partnerin, wo du, wie wir anfangs bekennen mussten, nur noch reduzierte Gastrechte genießt. Jedoch musst du unter dem Strich anerkennen, dass die Milchpumpe ein wirklich wertvolles Familienmitglied ist, auf das man nicht verzichten möchte. Es gestattet euch, das Baby per Flasche zu ernähren. Es erlaubt, mal zu verschwinden, während ein Babysitter mit der Flasche hantierend die Wache übernimmt.

Manuelle und elektrische Pumpen ohne Kabel sind klein und handlich, was ihren Einsatz unterwegs, ob auf der Arbeit oder bei Reisen, erleichtert. Mit den Händen die Brust „melken" kostet Zeit und erfordert viel Kraft, was die elektrisch betriebenen Milchpumpen eurer Partnerin abnehmen. Kabellos ist das Abpumpen ohne Kleidungswechsel jederzeit durchführbar, was allerdings seinen Preis kostet. Die modernsten Hightechgeräte verlangen Anschaffungskosten bis zu 300 Euro. Liegen medizinische Umstände für die Notwendigkeit des Milchabpumpens vor, ist ein Rezept von der Hebamme zum Ausleihen einer elektrischen Pumpe in Apotheken oder Sanitätshäusern möglich, gegen einen täglichen Betrag und Kaution versteht sich. Bei Problemen von Milchstau werden die elektrischen Pumpen eure erste Wahl sein, da diese die Organe deiner Partnerin zu verstärkter Milchproduktion anregen. Soll euch das Gerät lediglich Arbeit und Stress abnehmen, findet ihr ebenfalls günstige Modelle für 30 Euro im Netz.

Die einzelnen Marken haben eine Menge Zubehör, das untereinander aber leider nicht austauschbar ist. Ihr entscheidet euch also für einen Hersteller und bleibt bei diesem, wenn das Zubehör passen soll. Sämtliche Bestandteile werden vor dem Einsatz eines jeden Tages erst mal sterilisiert und nach der Fütterung auseinandergebaut und gespült. Für die Sterilisierung wird kochendes Wasser eingesetzt. Bemerkst du im Innern des Schlauches Kondensation oder gar Milchreste, ist dieser an der Reihe. Grob gesagt, ist dieses Szenario jede Woche der Fall. Nach dem Reinigen wird die Milchpumpe (ohne Abpumpen) für ein bis zwei Minuten eingeschaltet – inklusive montiertem und gereinigtem Schlauch. Et voilà, trocken und bereit für die nächste Fütterungszeit.

Gibt es Probleme im Kontext mit dem Stillen, wozu auch der Milchpumpeneinsatz gezählt wird, empfiehlt sich die Kontaktaufnahme mit der Hebamme oder Stillberaterin. Diese sind in verschiedenen Vereinen vorzufinden, wie der La Leche Liga Deutschland e.V., dem Berufsverband deutscher Laktationsberaterinnen IBCLC e.V. oder der Arbeitsgemeinschaft freier Stillgruppen e.V.

Wohin mit gewonnener Muttermilch?

Flexibler werdet ihr mit einer Zwischenlagerung des kostbaren wie köstlichen Naturprodukts. Aber wie macht ihr das richtig?

Kurzzeitlagerung

Im Kühlschrank bleibt dieser Vorrat zwei bis drei Tage lang frisch. Um mit dem Ablaufdatum nicht durcheinander zu geraten, schreibst du das Abpumpdatum am besten auf ein Etikett und klebst dieses auf die Flasche. Zuvor hast du natürlich den Tank von der Pumpe getrennt. Sonst wird's schwer!

Langzeitlagerung

Um die Milch länger einzulagern, kannst du gereinigte Einwegflaschen oder Gefrierbeutel für das Einfrieren verwenden. Etwas sonderbarer ist dagegen der Einsatz von Eiswürfelbereitern im Gefrierfach. Diese Form der Vorratslagerung sollte zwei Monate lang vorhalten. Brauchst du etwas davon, erwärmst du die gefrorene Muttermilch sorgsam und befüllst eine Babyflasche damit. Durch übermäßige Hitze gekocht werden darf sie während des Auftauens keinesfalls.

Sei dir bewusst, dass Eiswürfel auch in anderweitigen Getränken zum Einsatz kommen. Weshalb du bei der Verwendung von Eiswürfelbereitern auf gar keinen Fall auf die Beschriftung verzichten solltest. Auch wenn es eine Party ist, willst du dich nicht an der Milchbar deines Babys bedienen, oder?

Flaschenabfüllung

Hast du erst mal angefangen, dein Baby mit der Flasche zu ernähren, wirst du vom Baby stillschweigend in die Ehrenliga der Versorger aufgenommen. Du bist also nicht weiter ein unbedeutender Punkt auf der punktgemusterten Tapete. Das verschafft auch der besten aller Muttis etwas Zeit und kurzfristige Rückzugsmöglichkeiten. Nun eine gute und eine schlechte Nachricht: Du wurdest soeben vom Baby zur Nahrungsreichung zugelassen und musst dir zugleich eingestehen, dass es ihm völlig schnuppe ist, wer ihm die Flasche in die Patschehändchen legt. Das heißt aber wiederum, dass die Epoche des Babysitters angebrochen ist und du mit deiner Partnerin für einen abendlichen Rundgang in die Stadt verschwinden kannst. Demnach kein Grund zur Beschwerde, oder?

Was du vor der ersten Flasche wissen musst

Wenn deine Partnerin stillt, kommt die Flaschenfütterung etwa nach dem ersten Lebensmonat des Babys hinzu, möglicherweise jedoch mit ersten Ablehnungsbezeugungen des Kleinen. Du machst die Sache interessanter und abwechslungsreicher durch verschiedene Formen und Größen des Saugkörpers an der Flasche – auch „Nuckel" genannt. Einmal täglich anbieten sollte genügen.

Die Mutter sollte bei den ersten Darreichungen nicht im Raum sein, um nicht für Verwirrung beim Baby zu sorgen. So ganz angetan wird sie auch nicht von diesem „Loslösevorgang" sein, bedeutet das doch, nicht mehr ganz so innig mit dem Baby verbunden zu sein.

Fütterung über die Flasche:

1) **Aufwärmen**

   Du hältst die Flasche unter heißes Wasser. Die Mikrowelle ist absolut ungeeignet für die Erwärmung, weil sie Enzyme zerstört und nicht gleichmäßig wirkt.

2) **Temperaturcheck**

   Mit ein paar Milchspritzern auf dem Handgelenk testest du die Wärme der Nahrung. Du solltest nichts Heißeres spüren als deine eigene Körpertemperatur, wofür die Innenseite des Handgelenks eine sensible Stelle zum Fühlen ist.

3) **Köder anbieten**

   Bevor der Nuckel in Babys Mund landet, benetzt du dieses Gummiteil etwas mit Milch, um es dem Baby leichter zu machen „anzubeißen".

4) **Andocken**

Du setzt dich mit dem Baby auf der Armbeuge hin und hältst seinen Kopf hoch. Das ist besser, als das Baby liegend zu füttern, da es hierbei Erstickungszustände bekommen kann und sogar Infektionen im Ohr gefördert werden. Du rufst seinen Wurzelreflex ab und gibst ihm nun die Flasche an den Mund.

5) **Luftblasen vermeiden**

Die beste Verhinderung von Gasen im Verdauungsapparat ist die, gar nicht erst Luft mitschlucken zu lassen. Darum gibst du die Flasche in einem solchen Winkel, dass der Nuckel vollständig mit Milch ausgefüllt wird. Kann sein, dass es nötig wird, die Flasche immer wieder herunterzunehmen, damit Gelegenheiten zum Aufstoßen gegeben sind.

6) **Bäuerchen fördern**

Ebenso ist es förderlich, dein Baby nach jeweils 100 ml ein Bäuerchen machen zu lassen. Dazu musst du natürlich die Flasche absetzen.

Nahrung zubereiten

Du musst ja nicht wie ein Hochsicherheitslabor inmitten einer Epidemie arbeiten, aber es schadet nicht, alles Wasser für die Nahrungszubereitung während der ersten drei Babymonate einer Sterilisation zu unterziehen, was durch Abkochen geschieht.

Mache es dir nicht zu dröge und spare Zeit, indem du jeweils mehrere Flaschen auf einmal sterilisierst und nicht jede Flasche einzeln. Du nimmst dazu einen Becher und mischst im richtigen Verhältnis Milchpulver und Wasser. Das Wasser zuerst einzufüllen, hilft Klumpen vermeiden – tüchtiges Umrühren nicht vergessen.

Reinigung von Flaschenteilen

Eine Sterilisierung wird nur vor dem Ersteinsatz nötig sein; danach reinigst du die Flaschen einfach nur durch Auswaschen nach jedem Einsatz. Du kannst sie auch ganz bequem in der Geschirrspülmaschine säubern lassen. Es gibt unter manchem Herstellerzubehör sogar eigene Geschirrkörbe für Nuckel und was sonst noch an Teilen von Babyflaschen anfällt.

Der Schlaf des Gerechten (Baby)

Wenn dir die Hebamme etwas von Schlafmustern bei Neugeborenen erzählt hat, hat sie gelogen! Für den ersten Monat war das einzige Muster, das ich erkennen konnte, das exponentielle Wachstum meines Schlafmangels. Dein Baby scheint alle Theoretiker und sogenannten Experten zu verhöhnen, denn es schläft mal fünf, mal fünfzig Minuten und mal fünf Stunden am Stück. Es ist kein Muster erkennbar.

Babys Vorliebe zu spontanen Tagesabläufen befördert dich in eine neue Matrix. Füttern, Bäuerchen machen, Windel wechseln, ins Bett bringen und – repeat! Repeat! Repeat! Repeat! Diese unregelmäßigen Tagesanbrüche wiederholen sich zu deinem Pech sieben- bis neunmal pro „normalem" Tag. Den Sonnenauf- und -untergängen musst du gar keine Beachtung mehr schenken. Das eigene Zeitempfinden gerät aus den Fugen und du weißt nicht mehr, ob und wann du was gemacht hast. Junge Eltern sehen dann unter dem Dauerstresstest etwas vernachlässigt aus.

Zum Einschlafen bringen

Gottlob führt allein die Nuckelei an der Flasche zu einer Ermüdung des Babys. Das zusammen mit Wohlbefinden führt zu diesem wohligen, entspannten Ausdruck in seinem Gesichtchen.

Dazu ist dem Einschlafen ein Gefühl von Geborgenheit sehr zuträglich. Du wickelst Baby in eine Decke und lässt es sich kuschelig geborgen fühlen. Da möchte man doch gleich wegnicken.

Gewisse einlullende Bewegungen sind auch sehr praktisch, um zum Einschlafen zu (ver)führen. Das liegt an ihrer Ähnlichkeit zu den Schaukelbewegungen, die das Baby einzulullen pflegten, als es noch ein Ungeborenes im Mutterleib war. Dorthin führt freilich kein Weg zurück, also müssen wir die Schaukelei auf andere Weise herbeiführen. Kann an der Wiege vorgenommen werden, die zumeist dafür schon herstellerseits ertüchtigt ist, oder du trägst das Baby auf den Armen etwas umher und wiegst es dabei in den Schlaf. Am Ende legst du es ganz gemächlich an seinen Schlafplatz, damit es nicht aufwacht.

Weißes Rauschen

Was ist das, das „weiße Rauschen"? Eine Überlagerung anderer Geräusche ist damit gemeint, sodass diese nicht mehr wahrgenommen und damit nicht mehr als störend empfunden werden. Es kann sich als große Einschlafhilfe für dein Baby erweisen und soll zudem eine intensivere Tiefschlafphase fördern. Dieses weiße Rauschen ist ähnlich einem Ozeanrauschen oder einem murmelnden Bach, was auch auf Erwachsene einschläfernd wirkt. Es ist ähnlich dessen, was das Baby aus seiner Zeit im Mutterbauch gewohnt war. Dieser Effekt lässt sich herstellen durch allseits verbreitete Haushaltsgeräte, wie Staubsauger oder Fön. Rauschen bekommst du auch durch ein manuell einstellbares Radio zustande, dessen Sendesuche auf einer leeren Stelle verharrt, vorzugsweise Mittelwelle (aber ohne Pfeifgeräusche). Alternativ kannst Du auch einen „myHummy" kaufen, ein Stofftier, das weißes Rauschen und andere Dinge abspielen kann.

Weißes Rauschen ist effektiv: Sämtliche Baby-Blogs schwören auf die monotone Geräuschkulisse und betiteln es als sanfte Einschlafhilfe.

Wenn du zu müde bist zum Schaukeln

Du bist so ausgelaugt am Abend, dass nur der Gedanke an die eigenen Schaukelbewegungen dich einschlafen lässt? Gott sei Dank hat sich die Baby-Industrie längst etwas einfallen lassen. Ich hätte damals für eine elektrische Babyschaukel mein letztes Hemd hergegeben. Verschiedene Schaukelgeschwindigkeiten, Schlaflieder, verstellbarer Neigungswinkel, Sicherheitsgurt und vieles mehr. Lass die Schlaflieder lieber nach einem langen Tag aus, sonst fällst du vor deinem Baby in den Schlaf und deine Partnerin muss euch beide ins Bett tragen.

Eine andere Alternative, die dir das Schaukeln abnimmt, ist eine Baby-Hängematte. Einige Hängematten sind bestens für ganze Nächte konzipiert. Ergonomisch für den Rücken, Matratze inkludiert – es bleiben keine Wünsche übrig. Wer übernimmt das Schaukeln? Am Anfang musst du Baby noch den ersten Schubs verpassen, wacht es in der Nacht auf, befördert es sich allerdings im Nu durch seine eigenen Bewegungen wieder in den Schlaf. Eine Wunderwaffe für alle Schaukelliebhaber der Babywelt. Wer liebt auch keine Hängematten?

Einschlaftest

Wie findest du heraus, dass dein Baby genügend ins Reich der Träume abgekippt ist, um es abzulegen? Bewegen sich seine Augen hektisch hinter geschlossenen Lidern und die Atmung ist unregelmäßig, ist es in der ersten Schlafphase angelangt. Leise Geräusche und hektische Bewegungen wecken es immer noch auf. Du gehst auf Nummer sicher und wartest, bis die Atmung ruhiger und gleichmäßiger geworden ist. Es hat erfolgreich die Tiefschlafphase erreicht. Keinesfalls gibst du es vorher aus der Hand, sonst wird es aus dem Halbschlaf wieder aufwachen und die Tortur geht von vorne los.

Hinlegen ist eine Kunst für sich

Kennst du den Spruch mit dem Elefanten im Porzellanladen? Ich hoffe, du stellst dich beim Ablegen des schlafenden Babys geschickter an. Denn sonst hast du dir mindestens weitere 30 Minuten Schaukeln eingekauft. Dafür werden die folgenden Schritte empfohlen:

1) Deine Hände bringst du so in Stellung, dass sie nicht im Wege sein werden, wenn es dann darum geht, die Arme unter dem Leib des Babys hervorzuziehen.

2) Du näherst dich allmählich der Krippe oder dem Bettchen und hörst währenddessen nicht auf zu schaukeln. Du achtest dabei auf deine Schritte, damit du nicht über herumliegendes Spielzeug usw. stolperst. Weder Stolpern noch Krach beim Drauftreten sind jetzt zu gebrauchen.

3) Bei Erreichen der Bettstelle lässt du das Schaukeln abschwächen. Während du dich über die Matratze beugst, sorgst du dafür, dass der Körperkontakt mit dem Baby immer noch nicht abbricht, während du es auf den Rücken legst. Es ist zu erwarten, dass die Liegefläche im Vergleich zu deiner Körperwärme kühler ist und der Unterschied dein Baby aufwecken könnte. Die weitere Präsenz deiner Körperwärme verhindert den allzu sehr fühlbaren Übergang; denn nun bleibst du bis zu zwei Minuten in dieser Stellung verharrend. Die Liegefläche unter Babys Rücken kann sich unterdessen akklimatisieren und Babys Wärme annehmen.

4) Vollziehst du dann die Trennung, ziehst du deine Hände unter Babys Rücken hervor und lässt sie noch eine Minute auf seiner Brust ruhen. Dann ziehst du die Hände an dich und richtest dich auf. Geschafft.

Plötzlicher Kindstod – gibt es ein Rezept dagegen?

Das rätselhafte Phänomen des „Plötzlichen Kindstodes", auch unter der Abkürzung SIDS für „Sudden Infant Death Syndrome" bekannt, beschäftigt viele Eltern von oder in der Erwartung eines Babys. Am plötzlichen Kindstod sind im Jahr 2017 in Deutschland immerhin 131 Säuglinge gestorben. Klar definiert ist er nicht, man schließt nur Todesursachen aus, um zu diesem Befund zu gelangen. Es hat sich aber herauskristallisiert, dass es Risikofaktoren gibt, die SIDS begünstigen. Das sind:

- Frühgeburt oder sehr niedriges Geburtsgewicht
- Drogenkonsum der Mutter, Passivrauchen vor wie nach der Geburt
- Überwärmung des Babys, Zudecken und mangelnde Luftzirkulation
- Schlafen in Bauchlage

Weniger gesichert sind Theorien, die dem Nichtstillen und den Bakterien Staphylococcus aureus und Escherichia coli eine Schuld geben. Babys, die bereits in einer lebensbedrohlichen Situation waren, gelten als gefährdeter. Ebenso solche, die zu starkem Schwitzen neigen und längere Atemunterbrechungen aufweisen.

Du solltest das Kinderbett also nicht mit Decken, Kissen und Plüschtieren vollstopfen. Rauchen im Zimmer mit dem Baby sollte tabu sein. Einen Erste-Hilfe-Kurs für Kleinkinder zu absolvieren, kann eine gute Idee sein.

Erstes Fitnessstudio für Baby

Möchtest du ein Patentrezept kennen, um eine halbe Stunde im Nu verfliegen zu sehen? Macht es noch Klick bei dir, wenn ich das Wort „Zirkeltraining" in den Raum werfe? Warum nicht das Ganze für Baby machen? Spielgerätschaften sind zur Genüge im Haus verteilt und lassen sich kinderleicht umfunktionieren. Und du wolltest schon immer mal als der Stärkste das Gym betreten, oder? Also los!

Aus etlichen in Erinnerung gebliebenen Muskelkatern weißt du, dass bei einem Zirkeltraining unterschiedliche Übungen hintereinander absolviert werden, um den ganzen Körper zu trainieren. Warum sollte es das nicht auch für das Baby geben? Damit stärken wir nicht nur Muskeln, auch Koordinierung und Gleichgewicht des Kleinen werden gefördert. Das wird sich positiv in der Entwicklung auswirken, also immer weiter damit und dein kleiner Schwarzenegger wird beim nächsten Spielplatzbesuch einhändig am Klettergerüst entlanghangeln. Träumen wird man wohl dürfen, oder?

Beim Aufsetzen der Stationen sind Vielfalt und Abwechslung gefragt. Babys Muskeln sind noch am Anfang. Daher trainiert die erste Station den Po, die zweite den Bizeps und so weiter. Du rechnest ca. fünf Minuten für jede Übung ein und achtest auf Pausen. Gefällt die ganze Aktion deinem Baby gar nicht und es wird unruhig, brichst du ab und leitest gleich zum Abwärmen über.

1. Station

Wir starten mit dem Gluteus maximus! Einfach formuliert: dem großen Gesäßmuskel. Noch einfacher formuliert: Babys Knackpo. Erinnerst du dich an die Squats? Nun ist Baby an der Reihe – in vereinfachter Variante, versteht sich. Zunächst hilfst du deinem Thronfolger auf die Beine. Hierzu kann ein Griff unter den Armen oder an der Hüfte behilflich sein. Nach einigen wackeligen Sekunden geht's mit deiner Hilfe ganz gemach zurück zum Boden. Befindet sich Babys Po auf Kniehöhe, zählst du schnell bis fünf. Dein Baby hat seinen ersten Squat absolviert.

2. Station

Baue deinem Baby eine Rückenlehne aus Kissen oder platziere es im Hochstuhl. Hauptsache, Baby sitzt und hat Freiraum nach vorne. Bizeps und Trizeps sind an der Reihe! Da Klimmzüge „noch" in weiter Ferne liegen, begibst du dich auf die Suche nach einem runden Gegenstand mit wenig Gewicht: Luftballons, ein kleiner Wasserball, eine Orange … Probiere aus, für welchen Gegenstand sich Baby am ehesten in Bewegung setzt. Du platzierst die besagte Sache in das Sehfeld und leicht über Augenhöhe von Baby. Im Idealfall heben sich die Patschehändchen inklusive Arme an. Ob Baby sich für das gleiche Objekt ein zweites Mal in Bewegung setzt?

3. Station

Hoppe, hoppe, Reiter, wenn er fällt, dann schreit er! Diese Übung eignet sich bestens, um die Rückenmuskulatur von Baby zu stärken. Nimm Baby dafür auf dein Knie und stütze es seitlich, um den zweiten Part des Satzes zu umgehen. Singen ist natürlich ein Muss!

4. Station

Die Runde für Kopf-, Nacken- und Schultermuskeln ist eingeläutet. Hierfür kaufst du ein Wasserbett in Babyvariante – eine Wassermatte für Babys. Baby bäuchlings auf der Matte platzieren. Durch das eigenständige Halten seines Kopfes werden spielend einfach die erwähnten Muskel gestärkt. Und durch die vielen kleinen Nemos und bunten Fische, die in der Wassermatte meistens ihr Zuhause haben, wird Baby im Gegensatz zur normalen

Spielmatte mehr Motivation an den Tag legen, seinen Stiernacken zu trainieren. Die normale Spielmatte tut es natürlich auch. Dann musst du vielleicht im Fischkostüm vor Baby herumscharwenzeln, um es bei Laune zu halten. Was dir lieber ist!

5. Station

Mit einem süßen Greifling oder Kuscheltier motivierst du Baby, eine Verfolgungsjagd aufzunehmen. Vorher räumst du natürlich für dich und Baby alle Stolperfallen und jegliches auf dem Boden liegende Gefahrengut aus dem Weg. Durch das langsame Nach-vorne-Schlängeln trainiert Baby seine Arme und Beine. Aber auch der Nacken profitiert erneut, da sich mit nach unten blickendem Kopf schwer die Jagd aufnehmen lässt.

6. Station

Um das selbstständige Sitzen in die nähere Zukunft zu rücken, braucht Baby neben guter Nackenmuskulatur auch einen starken Rücken. Baue erneut eine Kissenburg um Baby herum, damit es von alleine sitzen kann und vor diversen Umfallversuchen geschützt ist. Um nach ein paar Minuten kein trauriges Gesicht vor dir sitzen zu haben, ist ein Entertainmentprogramm ein Muss!

7. Station

Das Cool-down habt ihr euch jetzt beide verdient. Hierfür geht es zurück auf die Wassermatte – und für Papa auf die Couch? Wir werden etwas kreativer! Du beteiligst deine Partnerin, die sogleich das Wickeltuch mitbringt und auf den Boden legt. Ihr platziert das erschöpfte Baby auf dem Wickeltuch und jeder greift sich zwei Ecken des Tuches. Nun hebt ihr es so weit an, dass ihr Baby mit Schaukelbewegungen ein Cool-down höchster Qualität darbietet.

Keine Panik um die Hygiene

Weitwurf ist eine der Lieblingssportaktivitäten von Babys, ohne dazu angehalten werden zu müssen. Aber uns Eltern macht das keinen Spaß. Wir sehen nur Nachteile darin, dass Schnuller durch Bodenkontakt verschmutzt werden, Kram unterwegs in der Stadt zurückgelassen wird, weil Baby die Sachen unbemerkt weggeworfen hat, oder die Breischüsseln auf dem Boden der Küche landen. Das Hinterherräumen und Aufheben während Babys Wegwerfen-und-Aufheben-Spielchen ist dazu nicht gut für unseren Rücken. Die Lösung ist, die Sachen festzubinden, entweder an deinem Baby selbst oder an irgendetwas in seiner Umgebung.

Allerdings musst du dich vorsehen, die Sicherungsleine nicht zu lang werden zu lassen. Schnüre von mehr als 5 cm Länge könnten zur Ursache einer Strangulierung werden.

Falls das Baby magisch deine Knoten löst und munter seine Weitwurffähigkeiten ausbaut, kannst du dich der Drei-Sekunden-Regel bedienen. Schließlich kannst du nicht die Hälfte der Woche auf den Boden gefallene Sachen desinfizieren! Dafür benötigst du blitzschnelles Reagieren. Gelingt es dir, innerhalb von drei Sekunden aufzuheben, was Baby auf den Boden befördert hat, gilt es als nicht verunreinigt. Großartig, oder?

Klinisch wurde diese Regel nie bestätigt oder gar bewiesen, aber alle Väter glauben an sie, sehr zur Verzweiflung von Müttern, die weniger Gelassenheit in dieser Frage zu besitzen scheinen. Musst du Babys Mutti noch überzeugen, es gelassener zu sehen, wenn etwas herunterfällt? Hier sind ein paar Argumente dafür:

1) Babys sind nicht aus Zucker: Bekannt ist, dass Eltern mit jeder neuen Schwangerschaft entspannter werden, was solche Dinge und die Regeln überhaupt angeht. Beim ersten Baby battlest du dich mit den Spielplatzvätern, wer den Schnuller am schnellsten erneut in Babys Mund platziert hat – inklusive gründlicher, vorheriger

Desinfektion versteht sich. Beim zweiten Baby schaust du schon gelassener auf die Stoppuhr, und wo ist das Desinfektionsmittel noch gleich? Während Baby Nummer 3 froh ist, wenn du überhaupt gedenkst, ihm seine Sachen hinterherzuräumen. Und trotzdem ist Kränklichkeit bei dritten Kindern unter genannten Umständen nicht höher als bei verhätschelten ersten und zweiten.

2) Auf die Plätze, fertig, los! Wie schnell erreichen Keime wirklich den Keks von Baby? Die Uni von Aston wollte diesem Phänomen nachgehen. Nicht genau diesem, aber der Frage, wie lange Keime brauchen, um heruntergefallene Lebensmittel zu befallen. Dafür fand allerlei Zeug für 3 bis 30 Sekunden auf unterschiedlichen Böden Platz. Nicht von Baby, aber von einem Professor der Mikrobiologie und seinen Studenten. Herrliches Gefühl, in diesem Alter Kekse durch die Uni zu werfen, oder? Zurück zum Tempo unserer Keime. In der Tat macht es einen Unterschied, ob der Keks ein paar Sekunden oder eine halbe Minute liegen bleibt und ob auf Teppichboden oder Laminat. Letzteres verseucht die Lebensmittel schneller, ist aber einfacher zu säubern. Was lernen wir daraus? Der Keks ist noch problemlos genießbar, wenn du die Drei-Sekunden-Regel beachtest und er in keine Pfütze gefallen ist.

3) Wo siedeln sich Keime an? Eher als vom Boden holen sich viele Babys Keime von anderen Babys, in Kindertagesstätten und auf Spielplätzen. Aus Sicht der Mikroben macht das perfekt Sinn, denn das ist eine Tauschbörse für Wirte. Du kannst jetzt versuchen, dein Baby von den „üblichen Verdächtigen" abzuschirmen, aber ehe du dazu Gelegenheit bekommst, hat es sich wahrscheinlich schon von jemandem anstecken lassen.

4) Dein Zeitvorrat: Wenn du penibel jeden Fall zum Anlass nimmst, um Dinge zu sterilisieren, nachdem dein Baby etwas hat fallen lassen, kommst du zu einer Zeitaufopferung dort, wo es lohnender wäre zu investieren – bei der Beschäftigung mit dem Baby, bei der Interaktion mit ihm.

Medizinmänner aufgepasst!

Wir schauen uns jetzt mal die Tipps an, die die Gesundheit des Babys betreffen. Fängt damit an, dass wir uns Gedanken darum machen müssen, wie wir bei Baby Temperatur messen, ohne dass es zum großen Aufstand kommt. Und wie genau sind die diversen Methoden überhaupt?

1) Ohrthermometer. Eher ungenau bei sehr kleinen Ohren.

2) Methode der Messung unter der Achsel. Ist zuverlässiger als die Methode im Ohr, aber auch diese Werte können zu niedrig sein.

3) Hand auf die Stirn legen und fühlen. Kennt nur ein „zu heiß" oder „zu kalt" in Relation zur eigenen Handtemperatur.

4) Ein Thermometer für den After, flexibel geformt und digital messend. Wegen der Darmbakterien gehört es nach Einsätzen sterilisiert, abgewaschen und -getrocknet. Für ein besseres Einführen empfiehlt sich etwas Gleitmittel ganz vorne, welches für dein Baby geeignet ist.

Dein Wunsch wird sein, die Zappelei zu beherrschen, die das Messergebnis der Temperatur beeinträchtigen oder unmöglich machen könnte. Zu zweit lässt sich die Aufgabe leichter lösen. Falls es mal alleine durchgeführt werden muss, gibt es eine Methode für das Festhalten:

– Zwei Kissen kommen übereinander gelegt auf den Boden, darüber legst du noch ein gefaltetes Handtuch.

– Du baust die Windel am Baby ab und legst dein Baby so hin, dass sein Bauch über dem Kissen zu liegen kommt. Ein beherzter Griff spreizt die Pobäckchen und versenkt das Thermometer gerade mal einen Zentimeter tief im After.

– Du hältst das Thermometer mit Zeigefinger und Mittelfinger an Ort und Stelle, während der Rest deiner Hand auf dem Hintern ruht. Kommt es zu Zappelprotesten, bewegt sich deine aufliegende Hand synchron mit den beiden Fingern und damit dem Thermometer – und nichts rutscht raus.

– Die andere Hand kann dazu eingesetzt werden, das Baby abzulenken, indem du ein Kuscheltier vor ihm herumtanzen lässt. Wenn dir etwas Besseres einfällt, weil niemand dein Baby besser kennt als du, dann ersetzt du die Methode durch dein Patentrezept.

Üblicherweise signalisiert ein digitales Thermometer durch Piepsen, wann die Messung erfolgreich eingesackt wurde. Ansonsten wird das Ding sterilisiert.

So ein Fieberthermometer ist ein universaler Indikator für das Wohlsein deines Babys. Viele Schieflagen können begleitet von abweichenden Temperaturen angezeigt werden. Daneben gibt es freilich Indikatoren, die kein Fieberthermometer der Welt erfassen kann – wie Lustlosigkeit oder ständiges Schreien. Da können die Thermometerwerte noch so ideal sein: Du suchst wegen der anderen Symptome den Kinderarzt auf.

Überzeugungsarbeit für das Einnehmen von Medizin

Niemand muss als ausgezeichneter Vater Medizin studiert haben. Du erzielst deine Erfolge durch Hartnäckigkeit und Köpfchen! Und vor allem strategischen Scharfsinn, wenn Baby nicht kooperieren möchte. Gut, wenn du jede medizinische Handlung, wie das Einnehmen von Arzneien, wie ein Spiel aussehen lassen kannst. Denn dann wird das Baby eher mitmachen wollen.

1) Du und Mutti, ihr wechselt euch ab beim Verabreichen der Arznei.

2) Kannst du den Geschmack verbessern, dann tue das. Ein Vermischen mit dem Essen ist dafür gut geeignet. Einfrieren mit Lebensmitteln macht sie nicht kaputt – so können auf Vorrat eingefrorene Mengen von Milch auch schon die Medizin enthalten. Und dann weißt du ja schon, dass Baby alles gern süß mag …

3) Kriegst du den Mund weit genug auf, kannst du mit einer Spritze (ohne Kanülenspitze natürlich) zwischen Wange und untere Kauleiste zielen und abdrücken. Dann gelangt der flüssige Wirkstoff nämlich bei gutem Zielen direkt zum Schlund und hinab.

4) Mogelpackung und ähnliche Tricks: Wenn sonst nichts funktioniert hat, benutzt du einen Schnuller und füllst diesen mit Medizin, die er freisetzen wird, wenn dein ahnungsloses Baby wie gewohnt daran nuckelt. Bereite dich darauf vor, dass ein Baby, welches dies bemerkt, sehr erbost werden könnte. Sein bislang so ungetrübtes Verhältnis zum Lieblingsschnuller könnte ernsthaft und dauerhaft getrübt werden. Denn jetzt muss es jedes Mal vermuten, dass du ihm etwas Unerwünschtes unterjubeln möchtest, wenn du ihm den Schnuller anbietest.

Oder wie wäre es, du nutzt eine Gelegenheit zwischen vielen Löffeln Baby-Eiscreme, eine beherzte Zwischenladung Medizin reinzuschieben, gleich wieder gefolgt von Eis. Wenn du Glück hast und auch Baby im Eiscremeglück schwelgt, könnte es sein, dass es nicht mal Wind bekommt von der untergejubelten Medizin. Großartig. So muss es sein.

Experimentiere mit unterschiedlichen Geschmacksrichtungen – die es nämlich auch unter Medikamenten gibt. Ein Hustensaft mag bitter sein, ein anderer ist vielleicht süß oder schmeckt nach Minze. Ist die Frage die, ob du eine schwächere oder stärkere Dosierung nehmen solltest, nimmst du besser die stärkere Rezeptur, weil du dann nämlich deinem Baby weniger Events zumuten musst. Oder gibt es für eine Arznei die Variante als Zäpfchen? Dann greife zu dieser; ein Problem weniger.

Was tun, um widerspenstigen Babys Medizin zu geben?

Wenn es nicht anders geht und alle behutsamen oder trickreichen Methoden an Babys Widerstand scheitern, musst du im Interesse seiner Gesundheit zu einem anderen Trick Zuflucht nehmen:

1) Du nimmst ein Kissen und lehnst es gegen die Armlehne eines Sofas, darüber kommt wegen der Wahrscheinlichkeit von Flecken wieder ein Handtuch.

2) Du wickelst dein Baby in eine Decke, während seine Arme an seinen Leib gelegt bleiben. So „verpackt" (sage nicht „gefesselt") lehnst du es gegen das Kissen. Es soll nicht flach liegen, wegen der dann möglichen Erstickungsgefahr.

3) Du setzt dich auf den Sofarand, lehnst dich über den Sprössling und hältst hinreichend bestimmt sein Kinn, während die andere Hand die flüssige Arznei in die oben beschriebene Wangentasche spritzt … Wir wollen hoffen, dass von hier der Weg in die Speiseröhre ein kurzer ist.

4) Hoffen reicht nicht – wir helfen nach: Du bläst in Babys Gesicht. Das sollte einen Schluckreflex auslösen.

Geschafft. Nun danke deinem Baby für die womöglich unfreiwillige „Kooperation" und spare nicht an Lob, während du es aus seiner Decke befreist.

Wenn die Zähne anklopfen

Es kommt die Zeit, wann dein Baby folgende Symptome aufzeigt: Es sabbert drauflos, ist ohne Veranlassung gereizt, wacht stundenweise auf und versucht, alles Erreichbare zum Bekauen in den Mund zu stecken. Das hat seinen Grund – die ersten Zähne, die Milchzähne kommen.

Könnte man sich drüber freuen. Aber bist du in Feierlaune? Du nimmst zunächst nur die Verschlechterung von Babys Befinden seufzend zur Kenntnis, denn eigentlich waren deine Partnerin und du gerade froh, dass euer Baby endlich länger schlafen kann und mal Zeit für euch abfällt. Pustekuchen. Das Zahnen macht dieser Aufhellung des Jungeltern-Alltags einen Strich durch die Rechnung.

Dieses denkwürdige Ereignis steht euch zwischen dem sechsten und siebten Monat bevor. Lästigerweise fallen die Begleitumstände jedoch unter Umständen schon Monate früher an, denn der neue Spitzzahn muss sich erst mal durch Kiefer und Zahnfleisch winden. Kann sein, dass er vor seinem Durchbruch als Beule unter dem Zahnfleisch erfühlt werden kann und sich so ankündigt. Zahnen ist dazu begleitet von jeder Kombination aus Wangenrötung, Ausschlag am Kinn, etwas Fieber, Durchfall, Zahnfleischbluten und der Weigerung zu essen.

Die auffälligste Begleiterscheinung ist aber dieses ständige und übermäßige Sabbern, das eine Menge zusätzlicher Arbeit verursacht. In dieser Zeit müsste man Baby fünf- oder sechsmal umkleiden, um es weiterhin frisch aussehen zu lassen. Hat der Speichelfluss aber keinen erkennbaren Zusammenhang mit dem Zahnen, solltest du wegen der Möglichkeit einer Erkrankung den Kinderarzt konsultieren.

In anderen Zeiten behalfen sich Eltern damit, dem Baby ihre hochprozentigen Lieblingsschnäpse über sein Zahnfleisch zu reiben.

Heutzutage würden Doktoren aber von diesem früheren Hausmittel abraten, denn immerhin haben wir es hier mit einem Nervengift zu tun. Ob ein Betasten oder Streicheln der „Aua-Region" durch den elterlichen Finger Abhilfe schafft? Dieser kann, wie eine Babyzahnbürste, durch Kontakt Babys empfundenen Juckreiz an der Kauleiste lindern.

Du könntest auch zu gefrorenen Lebensmitteln oder tauglichen Gegenständen aus dem Gefrierfach greifen, um damit am Zahnfleisch angelegt als Kauspielzeug für Linderung zu sorgen. Das sind Löffel, Karotten, Schnuller, Waschlappen. Ist der Zahn schon durchgebrochen, heißt es aufpassen, dass dein Baby nichts von diesen gefrorenen Dingen abknabbert. Bastle Baby einen jederzeit erneuerbaren Beißring durch Einlegen gefrorener Apfelscheiben in eine saubere Socke, die durch Knoten verschlossen wird und deinem Baby zum Bekauen gereicht wird.

Aus medizinischer Sicht gibt es sogenanntes „Zahnungsgel", ein Anästhetikum, für das kein Rezept gebraucht wird und das man deshalb in der Apotheke bekommen dürfte. Diese Gele wirken überraschend schnell, aber leider nicht lange; dazu ist der Auftrag auf drei oder vier Gelegenheiten am Tag beschränkt.

Mit dem Einsatz von Paracetamol kannst du dem Baby ganze vier Stunden Schlaf abringen. So lange wirkt dieses Medikament nämlich und empfiehlt sich daher vor allem für die Anwendung bei Nacht. Der verantwortungsvolle Griff zu diesem Mittel sollte aber mit dem Kinderarzt abgestimmt werden.

Zähnchen erhalten

Milchzähne sind nicht für die Ewigkeit. Genauso wenig wie deine Haare! Entschuldige, wenn ich da was vorweg genommen habe. Und trotzdem pflegst und hegst du sie, oder nicht? Das Gleiche gilt für die Milchzähne deines Babys aus folgenden Gründen:

- Mit den Milchzähnen hat dein Baby Stellvertreter für die „richtigen" Zähne erhalten. Fallen sie verfrüht weg, kann es zu Verformungen im Kiefer kommen.

- Ganze 5 Jahre sind diese Zähnchen nützlich. Über die gesamte Zeit möchtest du dein Kind an leckeren Dingen teilhaben lassen, die es ohne Zähne kaum zerkauen könnte. Damit das sichergestellt ist und kein Verzicht geübt werden muss, kümmert ihr euch um den Erhalt der Milchzähne.

- Zum Pflegen der Milchzähne reicht die tägliche Reinigung mit Waschlappen oder der speziellen Zahnbürste für Babys, ohne dass Zahnpasta eingesetzt werden müsste. Vermeide es, dein Baby mit der Flasche im Mund schlafen zu lassen, weil Milchzucker zu Karies an den Zähnen führen könnte. Lass bei Erreichen des Alters von zwei Jahren den Kinderzahnarzt mal die Kauleiste betrachten.

Exkursionen müssen keine Feldzüge sein

Die Mitnahme eines Babys in die große, ferne Welt oder nur zum nächstgelegenen Pub äh Park, ähnelt dem endlosen Kartonkampf beim Zusammenziehen mit deiner Partnerin und ihrer Schuhsammlung. Und eine Abnahme des unverzichtbaren Zubehöres mit Wachstum des Kindes ist auch nicht zu beobachten. Sonst würde ich das Wort „unverzichtbar" nicht in den Mund nehmen!

Zu positiveren Nachrichten: Wir Väter erfreuen uns eines großen Vorteils gegenüber Müttern. Wir kommen schnell aus dem Haus und müssen nicht ewig überlegen, ob wir etwas vergessen haben. Wir kehren nicht dreimal um, weil wir dann doch mal etwas vergessen haben. Fehlt etwas, kaufen wir es nämlich unterwegs mit einem Schulterzucken neu ein oder beschließen heldisch, es müsse auch ohne dieses Zubehörobjekt gehen. Dieser Entschlossenheit – Mama wird die Verwegenheit vielleicht „Gewissenlosigkeit" schimpfen – haben wir zu verdanken, uns überhaupt vom Familiennest trennen zu können, sonst würden wir nämlich ewig daran festkleben.

Das erste Mal allein mit Baby draußen unterwegs kann dem neuen Vater allerdings Unbehagen bereiten, weil er sich unvorbereitet fühlt. Er mag kaum in die meisterliche Handhabung der Pflege im Heim eingefunden haben, hatte dort aber wenigstens das volle Programm an Material und Rückgriffsmöglichkeiten – nicht zuletzt auf die natürlichen Talente seiner Partnerin auf diesem Gebiet. Und jetzt, alleine da draußen? Kann das denn gut gehen? – Die Antwort liegt in einem einzigen, nein, zwei Wort(en): generalstabsmäßige Vorbereitung!

Dafür legst du dir eine Tasche an, mit deiner Ausrüstung für Außeneinsätze. Mama hat auch so etwas. Allerdings willst du nicht das nächste Mobbingopfer von den Spielplatzvätern sein. Wir sind doch alle erwachsene Männer? Falsch! Lerne aus meinen Fehlern und greife nicht zu besagter Windeltasche deiner Partnerin. Stattdessen nimmst du eine Sporttasche, deinen im Büro verhöhnten Rucksack oder eine

Werkzeugtasche – dort kommen alle Babysachen hinein. Ihre vielen Fächer sind unter Umständen der zielgenauen Suche nach einem benötigten Gegenstand dienlich. Zweckentfremdete und viel praktischere Taschen sind dazu billiger als das Spezialzeugs, das listig auf Mütter abzielt, deren Bereitschaft, alles fürs Baby zu tun, ausnutzt und entsprechend kostet.

Was brauchst du nun in deiner Außeneinsatztasche?

- Natürlich die Rettung jeder denkbaren Stunde: Windeln. Immer zwei Stück mehr als maximal angenommen. Because … Shit happens.
- Wischtücher; diese universalen Dinger für alles Mögliche – von Kleidungsreinigung bis zum Entkeimen von Spielzeug.
- Plastiktüten, worin alles Verschmutzte geborgen wird, das weder weggeworfen werden noch andere Dinge kontaminieren soll.
- Eine Unterlage, auf der Baby gewickelt werden kann.
- Muttermilch, abgefüllt in Flaschen, zusammen mit Kühlbeuteln etc. Kann in einem isolierten Beutel für Flaschen aufbewahrt werden. Wird dagegen Milchnahrung in Pulverform mitgenommen, kommen dazu Wasserflaschen zum Anrühren in Betracht.
- Ein zusätzliches Hemd für dich und einen kompletten Anzug für das Baby, falls etwas schiefläuft und ihr eingesaut werdet.
- Natürlich wird kein Schritt ohne Spielzeug im Gepäck unternommen. Denn Spielzeug lenkt ab und beschäftigt, damit nicht aus Langeweile oder Protest geflennt wird.

Vor den ersten Ausflügen könnte dir eine Liste als Gedächtnisstütze nützlich sein, später dann wirst du sie nicht mehr brauchen und automatisch an das übliche Sortiment denken.

Optionales Zubehör

Wir nähern uns den Überpack-Gewohnheiten unserer Partnerin, wenn wir für alles vorbereitet sein wollen:

- Universelles Werkzeug für die Tasche, in der Art des Schweizer Offiziersmessers oder anderer Klappgerätschaften verschiedener Funktionen. Womit du dir mal notbehelfen kannst, wenn etwas am Kinderwagen kaputtgeht, und sei es nur eine lockere Schraube.

- Robustes Gewebeklebeband, womit mal eben Risse oder Brüche am Wagen oder Tragekorb überbrückt werden können.

- Noch ein Schnuller. Denn einer mehr ist immer noch einer zu wenig. Baby weiß das und wirft immer welche weg, um deinen Ersatzvorrat zu testen.

- Eine Taucheruhr mit einstellbarem Außenring ist ausgezeichnet dafür geeignet, feste Zeiten in der Art von Fütterungsintervallen zu überwachen.

- Dein Schlüsselbund enthält einen babygerechten Anhänger, also ein Spielzeug oder eine Tierfigur, den du deinem Baby in Situationen reichen kannst, wenn es unbedingt beschäftigt werden muss. Die Seltenheit dieser Wunderwaffe trägt zu ihrer Faszination bei. Wirkt darum immer.

- Kamera oder Smartphone für den Moment, der unverhofft oft kommt. Du weißt schon: für die Situationen, wenn man sich wünscht, ihn festhalten zu können. Die sich so schlecht vorhersehen lassen.

Gold wert ist auch der Tipp, immer einen Reserveautoschlüssel im Geldbeutel zu verwahren. Kommt immer wieder vor, dass überforderte, ermüdete Väter versehentlich ihr Auto abriegeln, mit dem Schlüssel drinnen und Baby dazu. Die Pantomimeshow durch das Seitenfenster ist selten erfolgreich, das Baby jetzt in seiner Verlassenheit zu beruhigen. Und dich gegenüber der Polizei erklären müssen möchtest du auch lieber nicht.

Welche Ausflüge sind nach Babys Geschmack?

Wir beginnen uns nun auf dein Baby im zarten Alter zwischen vier und sechs Monaten einzuschießen. Bislang war es ja fast egal, wohin ihr es mitgeschleppt habt, falls überhaupt, denn die kognitiven Fähigkeiten des Babys auf die weitere Umgebung waren … bescheiden. Aber jetzt, endlich, beginnt sich dein Baby für die Außenwelt zu interessieren, du erkennst eine frischgebackene Persönlichkeit und ihre Interaktion mit der so großen wie unbekannten Welt.

1) Einkaufszentren und Supermärkte: So viele schillernde Farben, Formen, Geräusche an einem Ort! In einem Wort: Reizüberflutung! Lasse Baby verschiedene Dinge zerstörungsfrei befingern. Einige Dinge knistern, manche sind kalt, manche weich … und solange sich dein Baby nicht darüber her- oder sie kaputtmacht, musst du das Anschauungsmaterial nicht mal kaufen.

2) Zoofachgeschäft: All die Tiere sind wie geschaffen, um Baby zu verwundern. Es wird kaum je ermüden, Vögeln beim Zwitschern, Fischen beim Blubbern und Schweben, Hamstern beim Scharren im Streu und Kaninchen beim Mümmeln zuzuschauen. Hängt bald ein gerahmtes Foto mit dem Titel „Bester Mitarbeiter des Monats" an der Wand, hast du es mit den Besuchen eventuell übertrieben. Aber Google schlägt dir sicherlich ein anderes Zoofachgeschäft in einem Umkreis von 5 km vor.

3) Rolltreppen: Mit Baby auf der Rolltreppe bekommst du eine Jahrmarktattraktion ohne Eintritt geboten. Es lernt, Dinge unter und über sich in Bewegung einzuschätzen, es verfolgt sie mit den Augen und zieht hoffentlich logische Schlüsse. Aber dazu trägst du dein Baby auf dem Arm. Den Kinderwagen nimmst du nicht mit auf die Rolltreppe.

4) Museen, insbesondere solche für Kunst: Babys lieben realistische Bilder von Tiergestalten und Menschen, mit deutlich ausgeführten Gesichtern. Abstrakte Malerei kann es ja selbst, sobald es mit Fingern in irgendwas herumrühren lernt. Du könntest auch entdecken, dass sich dein Baby für Skulpturen und dreidimensionale Exponate zu interessieren beginnt.

Weinkonzert bei der Autofahrt

Im Auto bietet sich deinem Baby jeden Moment ein Anlass, um zu schreien. Fühlt sich besonders gut an, wenn du im Stau stehst und Baby auf der Rückbank sein Konzert anfängt.

Manche Anlässe lassen sich nicht umgehen und verlangen nach Abhilfe, ganz wie zuhause: Baby hat sich eingenässt, Baby ist hungrig, Baby wird von der Sonne geblendet. Die weniger dringlichen Anlässe lassen sich kontern durch folgende Gegenmaßnahmen:

1) Um ein Schreikonzert vom Einsteigen an erfolgreich auszuschließen, bedienst du dich Babys Schlafzeit. Für das Krisenmanagement hast du folgende Optionen: Du machst das Gefährt zu den üblichen Schlafzeiten von Baby fahrbereit. Babys Schlafrhythmus deckt sich zeitlich nicht mit der Vorsorgeuntersuchung? Dann ist vorheriges Auspowern angesagt. Alle Aktivitäten sind willkommen, die Babys Augen zufallen lassen und die Stimmbänder stumm schalten.

2) Ein „Pucksack" muss her! Und eine Definition: ein Schlafsack für Neugeborene. Die Möglichkeit besteht, dass Babys Beschwerden in Form von langanhaltenden Schreien aufgrund mangelnden Komforts ausgelöst werden. Wenn die Babyschale nicht dem Niveau deines Thronfolgers entspricht, ist der Pucksack die Lösung. Er simuliert die im Mutterleib gewohnte Enge. Kombiniert mit dem weißen Rauschen

des Radios befördert die verblüffende Ähnlichkeit Baby im Nu ins Schlummerland.

3) Falls du für Baby – je nach Sitz- oder Liegeposition – völlig außer Sichtweite bist, hilft ein getragenes Kleidungsstück von Mama. Ob Papas Duft den gleichen Effekt ausübt, ist vielleicht ein Experiment wert? Mamas Duft hilft Baby zweifellos, in ruhiger und entspannter Lage zu verweilen, während du in Ruhe die Familienkutsche zum Ziel manövrierst.

4) Deine Stimmbänder sind an der Reihe! Bereite dich gut vor, indem du eine Wasserflasche in Griffnähe legst und die Tonleiter rauf und runter trällerst. Kann gut sein, dass das Singen dem kleinen Racker beste Laune bereitet, sodass du mit krächzender Stimme aus dem Auto steigst. Dem wirken eine gute CD (oder Spotify-Playlist) mit Kinderliedern und ein Hustenbonbon entgegen.

5) Für Babys Alleinunterhalterprogramm und die Erholung deiner Stimmbänder hilft immer ein Mobile über der Sitzbank. Oder du befestigst ganz einfach eine Spielkette an der Babyschale. Immer auf Babys Sicherheit achten! Alles sollte gut befestigt sein und jeglichem Ziehen des Bizeps standhalten. Wenn Baby etwas zu fassen bekommt, kannst du dich auf seine ausgereiften Weitwurffähigkeiten gefasst machen. Im Auto nicht ganz so lustig!

Setze das Baby als Hilfe ein

In Gegenwart deines Babys bewertet man dich anders. Männer mit Babys erhalten einen Bonus in Ehrlichkeit, Sensibilität und Verantwortungsbewusstsein gegenüber solchen ohne. Nun verkörperst du den perfekten Schwiegersohn und Papa, der Baby den Schnuller hinterherräumt und die Rotze von der Nase wegwischt. Deine Zeiten, von anderen Männern als Konkurrenz angesehen zu werden, sind spätestens mit dem letzten Move für immer vorbei.

Es könnte dir nicht passen, so wahrgenommen zu werden. Aber verkneife dir, dagegen anzugehen. Vorteile stehen auf dem Spiel. Das Baby gibt dir neue Möglichkeiten, dich zu behaupten. Das Baby selbst ist eine Geheimwaffe, um an die Herzen zu appellieren. Dazu muss es natürlich sauber, wohlduftend, frisch versorgt und gut drauf sein. Das kann deine Partnerin ja vorbereiten, niemand sonst kann das so gut.

Sehen wir uns einige Einsatzmöglichkeiten an.

- **Aufgegessene Quittung**

   Baby befindet sich in seinem Tragesitz und wird damit ohne Umschweife auf den Tresen des Kundenservice gestellt, während du dein Anliegen vorträgst. Zündet der Charme-Effekt nicht gleich, ist darüber nachzudenken, dich der gleichen Entschuldigung wie in der Grundschule zu bedienen. In diesem Fall beschuldigst du Baby, und nicht euren damaligen Hund, für das Verschwinden deiner Quittung. Du kannst das Ganze noch beschleunigen und etwas auf die Tränendrüse drücken, dass du schnell auf dem Weg zum Kinderarzt hereingeschneit bist.

- **Sitzplätze der besten Kategorie bekommen**

   Nimm das Baby zu einem Sportevent mit. Nicht das Bestechungs- äh Kleingeld für den Platzanweiser vergessen. Mit leuchtenden Augen bringst du ihm nahe, dass die gesamte sportliche Karriere deines Zukunftsstars von diesem ersten Spiel abhängt. Und die Begeisterung wird wohl weniger durch einen Sitz in der letzten Reihe ausgelöst.

Dein Baby soll andere Leute dazu bringen, euch Vorteile einzuräumen. Dazu musst du nicht viel tun, sie werden oft von sich aus einen Platz anbieten. Andere kannst du dazu bringen, indem du ihnen mit Baby die Sicht nimmst. Wir wollen dabei aber nicht so weit gehen, einen Streit vom Zaun zu brechen, denn das könnte auch Baby gefährden.

- **Übe auf Frauen einen magnetischen Einfluss aus**

Bist du ein alleinerziehender Vater, brauchst du dich mit deinem Baby nur in einem Einkaufszentrum gut bemerkbar zu positionieren und zu warten. Zweifellos werden dich Frauen ansprechen, angezogen von deinem Baby. Damit kannst du auch einem alleinstehenden, unter seinem Singledasein leidenden Freund Starthilfe geben. Du lässt ihn einfach mit deinem Baby paradieren, während du aus der Nähe das Experiment überwachst. Aber nicht so nahe, dass du als dazugehörig erkannt wirst.

- **Nimm einen Tag Auszeit, sei „krank"**

Das Baby zuhause bietet etliche Gelegenheiten, um sich am Arbeitsplatz entschuldigen zu lassen. Das Kind kann der Pflege bedürfen, du bist krank, die Mutti ist es und jemand muss sie ersetzen, oder der Babysitter hat euch sitzenlassen.

Stillen außer Haus

Dabei muss es nicht unbedingt unfreiwillige Zuschauer geben, denn an vielen Orten außer Haus und „in der Öffentlichkeit" gibt es Gelegenheiten, ungesehen die Brust zu reichen. In Einkaufsstraßen gibt es zahlreiche Umkleidekabinen für Partnerin und Baby, in Parks oder Hotellounges ruhige, nicht einsehbare Sitzmöglichkeiten, und familienfreundliche Cafés und Restaurants bieten meist einen Wickelraum. Diesen stehen andere Orte entgegen, die keine Rückzugsmöglichkeiten für das Stillen bieten. Im Grunde hat eine Mutter das Recht, überall zu stillen, am Tisch im Restaurant oder auf der Toilette – einerlei.

Es mag dich stören, wenn andere Kerle die Brüste deiner Partnerin begaffen, während dieser Vorgang abläuft. Aber eigentlich kannst du beruhigt bleiben, denn die meisten Männer werden vom Anblick stillender Mütter eben nicht sexuell stimuliert. Eher werden sie wegschauen und sonst wie verraten, dass sie sich in deren Nachbarschaft unwohl fühlen.

Sobald eine Frau mit Stillen beschäftigt ist, fällt sie für die Tischunterhaltung aus. Dann übernimmst du den Unterhalterpart und lenkst das Gespräch auf andere Themen, nur eben nicht das Stillen. Sie möchte dabei nicht gestört werden und die Gedanken der Tischgenossen müssen auf etwas anderes gelenkt werden, damit sie nicht unsicher werden, wo sie hinschauen sollten.

Wenn es von ihr gewünscht wird, kannst du an eher ungeschützten Orten der Intimität des Moments helfen, indem du deiner Partnerin eine Jacke über die Schulter hängst, damit wenigstens von der Seite Blicke abgeschirmt werden. Sei ganz der Gentleman. Überdecken solltest du das Baby an der Brust natürlich nicht.

Wann es endlich was zu kauen gibt

Was du nicht alles erlebst in deiner ersten Vaterschaft! Aber selten kommt ein Erlebnis an Intensität dem Moment nahe, zu erleben, wie dein Baby von der Milch zur festen Nahrung übergeht und den ersten Löffel voll einnimmt. Das Zeug kann noch so fade sein – Babys Blick erinnert an deinen, als es dich eiskalt beim Windelwechseln mit einer Pipidusche überrascht hat. Unbezahlbar! Das muss unbedingt mit der Kamera festgehalten werden. Lass das aber jemand anders machen oder nimm den Selbstauslöser mit Stativ dazu, denn du solltest dir nicht nehmen lassen, es hautnah mit eigenen Augen mitzuverfolgen!

Später dann, beim nächsten fälligen Windelwechsel, wird sich dieser Blick wiederholen. Nur bist du diesmal derjenige, der angeekelt ist. Denn der Wechsel zu ähnlicher Nahrung wie der von der Nicht-Baby-Menschheit bringt auch einen Wechsel zu ähnlich duftenden Exkrementen mit sich. Da könnte man schon nostalgische Gefühle zu den zurückliegenden Monaten bekommen …

Einige Tipps in diesem Zusammenhang:

- Warte, bis dein Baby vier Monate oder älter ist. Davor kann es passieren, dass die feste Nahrung nicht geschluckt werden kann. Dies wegen des Zungenschubreflexes, der in frühestem Alter noch vorhanden ist, um Erstickungen zu vermeiden. Kommt hinzu, dass der Verdauungstrakt davor noch gar nicht geeignet ist, um die Nährstoffe aus fester Nahrung nutzbringend zu verarbeiten und einzulagern sowie schädliche Nebenbestandteile abzuschirmen.

- Siehst du, wie das Baby von seinem Sitz aus nach deinen Nudeln angelt, und auch eine hinunterkriegt, sowie in solidarisches Mitkauen verfällt, wenn es euch beim Essen zuschaut – ja, dann ist es wohl Zeit, auf feste Nahrung umzustellen.

– Nun müssen wir noch Allergien gegen Nahrungsmittel umgehen, falls vorhanden. Dazu verabreichst du ein bestimmtes Lebensmittel drei Tage in Serie, bevor das nächste ausprobiert wird. Gibt es eine allergische Reaktion, kennst du den Schuldigen und gehst ihm aus dem Weg. Achtung: eventuell Kinderarzt aufsuchen.

Erfolgreich feste Nahrung verfüttern

– Essen ist nicht verpflichtend. Zunächst hast du lediglich das Ziel vor Augen, Baby die Gewohnheit der täglichen Nahrungszufuhr näherzubringen. Währenddessen bezieht dein Baby immer noch seine Nährstoffe aus Milch oder Milchprodukten. Bleibt es desinteressiert, versuchst du es am nächsten Tag noch mal. Aber wir wollen deinem Baby nicht einimpfen, die Essenszeit zu fürchten.

– Strategie ist alles. Welche Strategie zum Erfolg der Fütterung führt, erfährst du durch das „Trial-and-Error-Prinzip". Obst als Einstiegsnahrung verspricht eine hohe Erfolgschance. Allerdings riskierst du beim nächsten Versuch, Baby Gemüse schmackhaft zu machen, einen sehr argwöhnischen Blick, was der ganze Sch… (Pardon für die Wortwahl!) soll. Wie kannst du nur vom himmlischen Zucker zu den faden Vitaminen wechseln? Wie gesagt, Trial and Error!

– Wie wäre es mit einer „nackten" Mahlzeit? Damit ist gemeint, Baby nur mit der Windel bekleidet am Essenstisch teilnehmen zu lassen, für eine Vollkleckerei ohne Reue. Von dort geht es direkt in die Wanne. Du kannst auch den Weg verkürzen und gleich in der Wanne füttern.

– Die Trickkiste ist groß, um das Mündchen aufzukriegen. Mit dem bekannten Klamauk ringst du dem gestrengen Minidiktator ein Lächeln ab. Also Grimassen, Singen, groteske Pantomime oder eine Fütterung damit beginnen, dass dir der Löffelstiel zwischen den

Zähnen steckt. Machst du den Mund auf, während das Ende mit der Portion Nahrung vor Babys Lippen parkt, könnte es nicht widerstehen, dich nachzuahmen. Dann rein damit.

- Nimm nicht irgendeinen Löffel und auch nicht nur einen. Die Hälfte des Essens wird es in den Mund schaffen und der Rest bleibt mit einer immensen Wahrscheinlichkeit am Kinn kleben. Hierfür schafft ein Babylöffel Abhilfe. Durch seine Spachtelfunktion lassen sich die hängengebliebenen Reste schmackhaft in den Mund des Babys befördern. Das Baby könnte nach dem eingesetzten Löffel greifen und ihn nicht mehr herausrücken. Für diesen Fall hast du einen Reservelöffel in der Hinterhand. Zu Unterhaltungszwecken kannst du Löffel mit Stielen unterschiedlichster figürlicher Gestaltung erwerben oder ein Löffel-Set aus biegbarem Material, das zweifellos jeglicher Weitwurfaktion standhält. Diese braucht aber kein Mensch. Man(n) muss nicht immer alles kaufen, was die Werbeindustrie uns schmackhaft machen will.

- Lord Baby bekommt einen Aperitif serviert. Denn wenn es kurz vor dem Verhungern ist, kennt es keine Geduld, um Rituale mit Festnahrung einzustudieren. Zu satt sein bedeutet dagegen: Baby ist desinteressiert oder befindet sich kurz vor dem Einschlafen. Also gibt es zum Einstimmen eine kleine Vormahlzeit: etwas Milch.

- An der Zungenspitze haben wir Humanoiden die Rezeptoren für alles Süße. Beim Verabreichen von Obst hilft daher das Anvisieren besagter Zungenspitze. Schon ist dein Baby angefixt! Gemüse dagegen kann auf die Zungenmitte abzielen – oder den Küchenboden.

Umgang mit Verstopfung

Die direkten Auswirkungen des Übergangs zur Festnahrung werden im Nu deutlich: Weniger Kot fällt an, dafür ist er aber höher verdichtet. Und, wie schon angedeutet, riecht er strenger. Es kann jetzt erstmalig auch vorkommen, dass drei Tage beim Windelprüfen kein Kot anfällt. Das ist an sich kein Problem. Wenn du jedoch bemerkst, dass sich dein Baby richtig anstrengen muss und sich unwohl fühlt, dann handelt es sich wahrscheinlich um eine Verstopfung. Der Stuhl, wenn er denn mal kommt, ist dann dazu trocken und regelrecht hart. Wie die Lage für ein Baby verbessern?

1) Reiche deinem Baby Pflaumen (sehr, sehr abführend), Birnen und Pfirsiche in der Form eines Saftes oder kleingeschnittenen bzw. passiert.

2) Bereite deinem Baby ein Bad, bei dem ihm das lauwarme Wasser bis zur Brust reicht. Eine Hand hält es, während die andere seinen Bauch massiert – nicht knetet! Kann jetzt schon nach einer Minute oder zweien losgehen mit der Erleichterung.

3) Kinderarzt aufsuchen.

Einige Kniffe im Umgang mit Windeln

Es ist einfach unzumutbar, nach jedem Windelwechseln zur Restmülltonne zu rennen. Obwohl dies vielversprechende Aussichten auf das Zurückgewinnen deiner Cardiofunktion wären. Da diese Energiereserven für einen frischgebackenen Vater aber unrealistisch sind, wirst du fleißig pralle Babywindeln im Haus sammeln. Wer Geld übrig hat und auch Platz, legt sich einen Windeleimer zu, aber der braucht wie ein Staubsauger eigene Beutel zum Nachkaufen – teuer natürlich. Diesen Eimer entleeren zu müssen, ist ein grausiger Vorgang. Nicht mal der Geruch bleibt einem erspart, da das Plastik durchlässig für Gase ist. Diese Geruchskulisse ist auch die charakteristische Note, an der man einen Haushalt mit Baby mit geschlossenen Augen, aber offenen Nasenlöchern jederzeit erkennen bzw. erschnüffeln kann.

Ist es so weit und Babys Kot ist fest, kann er in der Toilette verschwinden. Zuvor kannst du dir hoffentlich mit vielen gesammelten Plastiktüten behelfen. So werden diese wenigstens einer neuen Bestimmung zugeführt und haben nicht nur einmal zum Tragen von Einkäufen gedient.

Wie du die schmutzige Windel loswirst

1. Schritt

Mache aus der vollen Windel eine Kugel und verwende die Klebelaschen, damit sie eine solche bleibt.

2. Schritt

Stülpe die Tüte um und stecke Hand und Arm hinein, so greifst du dir jetzt die Windel.

3. Schritt

Mit der Windel im durch das Tütenplastik geschützten Griff ziehst du nun mit der anderen Hand die Tüte über die Windel. Der Griff kann loslassen und die Hand frei werden.

4. Schritt

Presse die Luft aus der Plastiktüte mit der Windel heraus, wickle den überstehenden Teil des Beutels um die Windel und drehe diese darin um.

5. Schritt

In umgekehrter Richtung wird der restliche Beutel abermals über die Windel und den Endbereich der Plastiktüte gestülpt.

6. Schritt

Nochmals 4. Schritt durchführen.

7. Schritt

An das Ende der Tüte kommt nun ein abschließender Knoten. Glückwunsch, eine Geruchsdämmung aus zwei Schichten wurde geschaffen. Sie hält aber nicht ewig: Plastik lässt Gas durch.

Hast du Windeln aus Stoff in Verwendung, siehst du dich deren eigener Problematik ausgesetzt. Es gibt auch Stoffwindel-Tauschdienste, um das Problem outzusourcen. Gewaschen wird dann nicht im eigenen Haushalt.

Umgang mit Babys ab 4 Monate

*

Deine Trickkiste für das Alter ab 4 Monate

Einige Vorschläge für die Beschäftigung mit einem Baby in der Altersstufe vier bis sechs Monate.

Angeltour

In diesem Alter löst das Greifen von Dingen als Lieblingsaktivität die Weitwurfaffinität ab. Neue Spiele müssen her! Du platzierst dich auf dem Boden und legst Baby mit dem Bauch auf deine ausgestreckten Oberschenkel. Es muss in der Lage sein, mit den Händen den Boden zu erreichen. Vor Babys Gesicht hast du vorher allerlei platziert: Greifer, Bauklötze, Kuscheltiere, alles, was der Boden vom Kinderzimmer hergibt. Nun versucht Baby, nach seinem Hab und Gut zu greifen. Hier und da erhöhst du die Schwierigkeitsstufe, indem du dein Bein gemach anhebst. Win-win! Ein kleines Workout für dich ist inklusive. Mit dieser Übung schulst du die Tiefenwahrnehmung, die Koordination von Hand und Auge und die Hand-Finger-Koordination deines Nachwuchses.

Bierbauch äh Babyrutsche

Dein Bauch wird zur Rutsche umfunktioniert! Hierfür liegt Baby mit dem Rücken längs auf deinen Beinen. Knie oder Oberschenkel kommen für dieses Rutscherlebnis in Frage. Du hebst deine Beine an und Baby rutscht geradewegs auf deinen Bierbauch zu. Gefördert wird Babys Grobmotorik! Achtung: Es empfiehlt sich, dieses Entertainmentprogramm mit leeren Mägen durchzuführen. Ja, extra Mehrzahl!

Kleiner Handstand

Du kramst den Gymnastikball hervor – die Babyversion versteht sich – und los geht es mit dem Stärken von Babys Händen und Feinmotorik. Baby wird bäuchlings auf dem Ball platziert und du rollst ihn langsam nach vorne und hinten. Nach einer kleinen Eingewöhnungszeit kannst du den Ball etwas weiter nach vorne rollen, sodass Baby sich mit den Händen abstützen muss. Das kommt einem kleinen Handstand doch schon sehr nahe!

Endlich Krabbelkäfer

Wir hatten gerade den Schlüsselmoment des ersten Löffels voll Festnahrung in Babys Mund. Schon kommt der nächste: Das erste Mal mitzuerleben, wie dein Baby zu krabbeln beginnt, sich also selbst fortzubewegen lernt. Das „erste Mal" ist nicht für alle Babys dasselbe Krabbeln – manche erleben die Wonnen des Krabbelns über Bauchschlittern, Hinternrutschen oder Seitenrollen. Keine Panik, wenn dein Baby zu diesen Exoten gehört. Es kommt schon von selbst darauf, dass Krabbeln auf Armen und Beinen besser ist. Zuerst soll es sich nur räumlich zurechtfinden. Die Zeit, wann das stattfindet, liegt irgendwann zwischen sechs und zehn Monaten Lebensalter. Nach einem vollen Jahr sind die meisten Babys im Stande, selbständig die Welt zu erkunden. Du siehst, wann der große Moment kommt, wenn das Baby sich auf Hände und Knie stemmt und schaukelt.

Krabbeln auf einem Parcours üben

- Lenke den Krabbelkäfer, indem du seine Füße gegen deine Hände drücken lässt.

- Lege eines seiner Lieblingssachen außerhalb der augenblicklichen Reichweite nieder.

- Bastle für dein Baby Knieschoner, indem du alte Socken so zurechtschneidest, dass du sie über seine Füße und Beine streifen kannst. Überhaupt solltet ihr auf einem weichen Teppich unterwegs sein und keinem harten Fliesenboden.

Wenn die Grundlagen erst mal geschaffen sind, baust du ein Hindernisgelände im Zimmer auf, das aus Kissen, Bücherstapeln und sonst welchen Gegenständen zusammengesetzt wird. Um die soll sich dein Baby herum manövrieren. Mehr als eine Art der Fortbewegung kann angewandt werden:

- Auf dem Bauch rutschend, mit Ellenbogen und Knien als Stemmwerkzeugen.
- Wie ein Äffchen auf Händen und Füßen auf dem Boden schlurfend, Hintern dabei hochgereckt.
- Sitzend nach vorne schiebend, mit den Beinen voran.
- Abwechselnd herumrollend und stationär liegend.
- Auflockern: Lasse Baby ein Bein seitlich ausstrecken, während du das andere Bein mit deiner Hand darunter Kreisbewegungen beschreiben lässt.

Neue Sicherheitsbedürfnisse mit der Mobilität

Was eine dauernde elterliche Aufsicht nötig macht, ist die mangelnde Ausprägung von Überlebensinstinkten des Babys. Es scheint blind ins Verderben krabbeln zu wollen und kennt keine Furcht. Eine Treppe ist ein Magnet zum Herunterfallen. Ein Ausguss ist zum Verstopftwerden da. Steht irgendwo das Wasser einen Zentimeter hoch (womöglich nach vorhergehendem Ausgussverstopfen), ist das Baby prädestiniert, sich dort hineinzulegen, und zwar grundsätzlich bäuchlings, damit das Gesicht ja unter Wasser liegt. Man könnte schon verzweifeln, wie ungeschickt es sich anstellt. Schön. Deine Partnerin hat dich zum Babysicherheitsbeauftragten ernannt. Mache etwas daraus.

Wir fangen an:

> Versetze dich in Babys Lage. Nimm einen Papierblock und Stift mit und krabbele durch euer gesamtes Domizil. Du versuchst, alles zu finden, was Baby aus dieser Perspektive gefährlich werden könnte,

und notierst diese Gefahrenquellen. Nur nichts aussparen: Krieche auch unter den Tisch und stecke den Kopf unter die Gardinen. Du findest Sachen, die du sonst nie gesehen hättest. Da liegt eine Reißzwecke, dort eine verschluckbare Münze, und diese Holzkante da ist verdammt scharf.

Verstehst du dich nicht darauf, kannst du auch einen Fachmann engagieren, der für dich das Krabbeln und Suchen übernimmt. Der wird sich natürlich Mühe geben, möglichst viele fatale Risiken zu finden, gegen die er genau die passenden Rezepte hat – verbunden mit weiteren Ausgaben, versteht sich. Ist ja sein Job.

Sicher, mit der Kindersicherung kann man es auch übertreiben. Wenn ihr wirklich alle Gefahren von eurem Baby fernhaltet, wird es nie lernen, was Gefahren sind. Ist es mal in anderer Leute Haushalt oder in einem Geschäft, wird es ohne die Totalabsicherung von zuhause üble Überraschungen erleben.

All der Sicherheitshokuspokus verschafft euch nicht mal Ruhe, denn ihr werdet trotz aller Vorsichtsmaßnahmen dennoch „manuell" auf euer Baby achten müssen. Meinst du, jetzt wäre es sicher und alles wäre gelernt, wird dem Kind einfallen, deine sorgsam montierte Schaumstoffpolsterung von der spitzen Tischkante abzunehmen und aufzuessen. Das ist die Ironie des Lebens! Und glaube mir, dieses Szenario ist ebenso realistisch wie das im geschlossenen Auto sitzende Baby mit deinem Autoschlüssel in der Hand. Es gibt keine totale Sicherheit. Für die, die immer noch daran glauben, bieten das Internet und die Sicherheitstechnik in Babyläden Inspirationen für die Burg ohne Babyfallen.

Mit nächtlichen Dramen in dieser Periode umgehen

Nächte und Babys – ein Thema für sich. Bislang war die begrenzte Füllmenge des Magens der Grund, wieso es Baby ständig nach Fütterungen in der Nacht verlangte, weshalb es euch ständig aufweckte. Du glaubst, damit wäre jetzt mit der Festnahrung und der neuen Altersstufe Schluss und ihr könntet mal durchschlafen? Leider nicht richtig. Eine Langzeitstudie des Deutschen Instituts für Wirtschaftsforschung hat belegt, dass das nächtliche Schlafrauben bis zu sechs volle Jahre anhalten kann. Keine Panik! Ab etwa vier Monaten verlängern sich die Schlafperioden vom Baby und das Stillen in der Nacht fällt weg. Ab diesem Zeitpunkt solltet ihr ihm unbedingt beibringen, dass die Nacht fortan als Ruhezeit gilt.

Mit der ersten eigenen Mobilität wird dein Baby auch nachts körperlich unternehmungslustiger. Es wird ihm einfallen, im Halbschlaf oder aus Langeweile die neuen Fertigkeiten zu üben. Es schaukelt auf den Extremitäten hin und her oder rollt sich im Bettchen umher. Die Geräuschkulisse reicht von Grunzlauten zu Weinen, Wimmern und dann wieder Schlafgeräuschen. Bei allem anderen als echten Schmerzensschreien wartest du zwei Minuten, ehe du hineingehst und nachschaust.

In Babys Zimmer gehen:

— Du lässt das Licht aus oder heruntergedimmt. Eine rote Leuchte wie in einer Dunkelkammer oder ein Nachtlicht sind geeignet, in einem eigentlich dunklen Zimmer immer noch sehen zu können.

— Gib dich neutral und sachlich. Es wird weder gelächelt noch die Stirn gerunzelt. Suche möglichst keinen Augenkontakt mit deinem Baby.

— Verlangt es Baby nach der Flasche, kannst du statt Milch Wasser darin reichen. Nach einigen Nächten unerwarteter „Abspeisung" mit fadem Wasser verliert Baby die Lust, das noch einmal durchzuexerzieren. Ziel erreicht.

Neue Gefahrenquellen

Die Mobilität ab sechs Monaten bis zu einem Jahr haben wir schon als neuen Gefahrenherd angesprochen, zudem wissen wir schon, dass Baby keine Vorsicht kennt, um sich zu schützen. Alles will ausprobiert werden.

Überlegen wir uns, was in einigen Räumen an Gefahren wartet:

Verletzungsmöglichkeiten im Wohnzimmer

1) Es könnte in den Kamin krabbeln. Dagegen stellst du einen Kaminschirm, wie er gegen Funkenflug gedacht ist, auf. Die Schürhakensammlung kommt außer Reichweite.

2) Es könnte gegen die Kanten eines Tisches mit Glasplatte stoßen. Umso schlimmer, wenn diese nicht abgerundet ausgeführt sind. Das verlangt nach Gummileisten entlang des Randes.

3) Es könnte sich anstrengen, an eine Schüssel mit Süßigkeiten zu gelangen, und entweder diese bis zum Erreichen herunterwerfen oder sich schlicht den Magen mit allem Inhalt vollschlagen. Wegschließen.

4) Ebenso wie die Schüssel ist jeder schwere Gegenstand irgendwo in Gefahr, umgekippt oder heruntergezogen zu werden; geht auch über Zerren an einer herabhängenden Tischdecke. Höherstellen. Viel höher.

5) Baby könnte Erde aus einem Blumentopf essen. Schirme die Erde mit einem Netz ab.

6) Die giftige Pflanze im Blumentopf ist auch eine Versuchung, mal reinzubeißen. Dann stelle die Pflanze lieber gleich weg, ihr und dem Baby zuliebe. Überhaupt schadet es nicht, sich zu informieren, welches Grünzeug überhaupt für menschlichen „Genuss" giftig ist.

7) Es könnte an der Musikanlage herumfummeln und die Bedienknöpfe abziehen. Entweder du hast passende Schutzkappen dafür oder klebst die Knöpfe auf ihre Stifte.

8) Wir wollen nicht annehmen, dass es ein Sabotageakt gegen deinen Musikgeschmack ist; aber dein Baby könnte an Lautsprechern der Anlage die Kabel entkoppeln. Du kannst dir neue Aufstellungsorte für die Speaker ausdenken, die Stecker an den Buchsen festkleben oder auf drahtlose Übertragung umsatteln.

9) Es könnte das Hindernis einer Glastür nicht bemerken und dagegen laufen. Wie man das von großen Fenstern kennt, wo Greifvogelsilhouetten aufgeklebt werden, damit Vögel nicht dagegen prallen, kannst du Abziehbilder an der Glastür zur besseren Wahrnehmung durch dein nestflüchtiges Vögelchen anbringen.

10) Es könnte Schnüre, Bänder, Fäden oder Kabel aufwickeln und sich auf Slapstick-Art darin verheddern. Leider gibt es dann Unfälle, die weniger harmlos ausgehen als in Slapstickfilmen. Das Material muss also weggeschlossen werden.

11) Es könnte Standlautsprecher auf wackligem Gestell oder die Stehlampe umwerfen. Kann man am Boden festschrauben oder eine Wandbefestigung ersinnen.

Verletzungsmöglichkeiten in der Küche

1) Baby könnte auf die Küchenarbeitsfläche oder den Tisch greifen, Kaffeekanne oder -tasse umwerfen und dann in heißem Kaffee baden (ganz zu schweigen von Glassplittern der Kanne). Alles, was heiß ist, gehört also eher in die Tischmitte, auf jeden Fall außerhalb der Reichweite von grifflustigen Händchen.

2) Es könnte sich einen Kochtopf während dessen Arbeit vom Herd angeln. Du kochst darum bevorzugt auf den hinteren Herdstellen und lässt vorne oder über den Rand hinaus keine Griffe und Henkel blicken.

3) Es könnte noch heiße Herdplatten anfassen. Du könntest auch leere Töpfe auf noch heißen Stellen platzieren und so merken, wenn der Topf angefasst wird, was immer noch das geringere Übel wäre im Vergleich zum Betatschen einer erhitzten Herdplatte.

4) Es könnte an den Herdknöpfen herumspielen und Einstellungen vornehmen. Besonders bei Gasherden gefährlich, nicht nur für das Baby. Versuche es mit Abdeckungen. Ein versteckter Haupthahn für die Gaszufuhr wird zugemacht, wenn kein Gas für Kochen und Backen abgerufen wird. Heutzutage haben die meisten Küchen aber eine Menge Kindersicherungen.

5) Es könnte die Ofenklappe aufmachen. Eigentlich nur bedenklich, wenn drinnen geheizt wird. Die Tür könnte eine Verriegelung bekommen.

6) Es könnte sich die giftigen Reinigungsmittel da herausholen, wo die meisten Familien sie aufbewahren – unter der Spüle. Also musst du dir wohl ein sicheres Versteck für die schädlichen Sachen ausdenken, wo Baby nicht drankommt.

7) Dann gibt es noch den unwiderstehlichen Zwang, Kühlschrankmagneten in den Schlund zu stecken und auf Verdaulichkeit zu testen. Sag Goodbye zu Kühlschrankmagneten oder besorge dir kleine, essbare Stücke. Ach, gibt es ja nicht ... Dann eben so weit oben wie möglich anheften.

8) Dein Baby könnte so elegant an einem Stuhl ziehen, dass dieser auf ihn fällt. Lässt sich verhindern durch Schieben aller Stühle bis zum Anschlag unter den Tisch. Auch noch die Beine anketten ... na, vielleicht etwas übertrieben. Wir sind ja kein Lokal mit Außenbestuhlung.

9) Es könnte sich den Mülleimer vornehmen und seinen Inhalt verspeisen. Nun, dann muss er eben vor die Tür oder in einen verschließbaren Schrank.

10) Es könnte die Decke vom Tisch herunterziehen und damit das Geschirr auf dem Küchenboden landen lassen. Klammern für die Tischdecke vielleicht, wie draußen, als Sturmsicherung? Oder gar keine Tischdecke verwenden, stattdessen Gedeckunterlagen? Deine Wahl.

11) Es könnte Maschinen aufmachen und hineinkrabbeln oder sie ausräumen. Da denke man neben dem erwähnten Backofen an Geschirrspüler oder Waschmaschine. Da lassen sich mit etwas Handwerkergeschick kleine Vorhängeschlösser anbringen. Während des Betriebs sind sie ja meist vom Programm verriegelt.

Verletzungsmöglichkeiten im Bad

Zum Beispiel könnte passieren:

1) Das Baby könnte sich die Finger zwischen Badtür und Rahmen einklemmen. Aber das gilt eigentlich für alle Türen der Wohnung. Ein Handtuch oben über dem Türblatt verhindert das Schließen. Im speziellen Fall der Badezimmertür auch, dass sich das Baby versehentlich einschließt, wenn es von innen am Verriegelungsknopf herumhantiert.

2) Es könnte in die Toilettenschüssel fallen. Verhinderst du durch Montage eines Schlosses am Deckel.

3) Es könnte den Schrank unter dem Waschbecken öffnen und den Inhalt herausholen. Installiere ein Schrankschloss.

4) Es könnte Zahnpasta verspeisen. Für Babys könnte diese eine giftige Wirkung haben. Besser, du packst sie hoch oben in den Medizinschrank.

5) Es könnte den Fön in Waschbecken oder Toilette halten, besonders schlimm, wenn das Kabel ans Stromnetz angeschlossen ist und Baby weiß, wie man ihn einschaltet, oder ihn versehentlich aktiviert. Es kann auch zu Verwicklungen mit dem Kabel kommen und dein Baby stürzt infolgedessen über den Kabelsalat.

6) Es könnte auf nassen Fliesen ausrutschen und mit dem Wannenrand kollidieren, oder auch irgendeiner gefliesten Wand, oder dem Heizkörper. Rutschfeste Badezimmerteppiche sind die Antwort, der Wannenrand lässt sich polstern.

7) Der Wasserhahn ragt auch nur aus der Wand, damit dein Baby eine Gelegenheit hat, sich den Kopf daran zu stoßen. Lässt sich der irgendwie abschirmen, fragst du dich?

8) Dein Baby könnte den Hahn für Heißwasser aufdrehen und sich verbrühen. Gibt es Abdeckungen dafür? Aber vielleicht sollte man das Baby nur ins Bad bringen, wenn man selbst dabei ist. Sonst die Tür absperren – von außen.

9) Dein Baby könnte sich darin versuchen, Shampoo zu vernaschen. Alle diese unbekömmlichen Flüssigkeiten, vielleicht sogar ordinäre Seife, wegpacken.

10) Jede Kleinstmenge Wasser in der Badewanne ist geeignet, um Baby ertrinken zu lassen. Über dieses „Talent" haben wir ja schon gesprochen. Gib deinem Baby keine Gelegenheit dazu und lasse selbst jede lächerliche Restmenge immer abfließen.

Wo im Haus weitere Gefahr droht

1) Dein Büro im Haus

Kann sein, dass du deinen Monitor am Standplatz absichern solltest, damit das Baby ihn nicht am Stromkabel oder Grafikkarten-Verbindungskabel vom Tisch zieht. Der Fuß könnte mit Schrauben befestigt werden. Oder du installierst eine Wandhalterung. Die Kabel am Computer lassen sich möglicherweise in einer Kabelführung verlegen oder du sammelst sie in einem Kunststoffrohr, wie die Installateure sie verwenden. Überhaupt ist es eine gute Idee, alle Stromkreise im Haus mit einem Schutzschalter abzusichern.

Nun folgt der Blick zum Computergehäuse selbst. Dies kann als Kritik an Mama oder grenzenlose Kreativität des Babys angesehen werden.

Sicherst du das DVD-Laufwerk nicht, findest du dort mit hoher Sicherheit einen Trojaner in Form einer Babymöhre vom letzten Mittagessen. Und speichern ist selbstverständlich im Sekundentakt Pflicht, oder Baby lässt den PC neustarten, bevor du die Chance hattest, den Babynewsletter mit dem peinlichen Foto rauszuschicken. Babys sind doch gerissener, als man denkt!

Nicht kippsichere Regale lassen sich an die Wand schrauben. Dann bleibt Baby nur noch der Spaß, sie auszuräumen und alles auf den Boden zu werfen. Na immerhin.

Im spezifischen Abfalleimer eines Büros finden sich gewöhnlich Heftklammern und Büroklammern. Das sind genau die Dinge, die dein Baby nicht verschlucken soll. Also ist der Abfalleimer entweder mit Schloss gesichert oder steht irgendwo, wo Baby ihn nicht erreichen kann. Treteimer lassen sich nur mit einem Trick öffnen. Das Treten und gleichzeitige Hineingreifen könnte noch außerhalb von Babys Fähigkeiten liegen. Noch besser ist, Baby nicht zuschauen und begreifen zu lassen, wie der Mechanismus funktioniert. Schwierig …

2) **Treppen**

Baue hölzerne Gitter an jede Treppe, die Baby von ihr und dem Treppenauge fernhalten. Oben und unten. Irgendwann muss Baby aber auch diese Lektion lernen. Hierfür legst du Teppich oder einen Läufer auf die Stufen und ermöglichst Baby eine Einführung in das Treppenhochsteigen. Jederzeit von dir gesichert, auch wenn du noch etwas beleidigt wegen der Möhre im DVD-Laufwerk bist. Der Klügere gibt nach!

Ist das Hochklettern gelernt, kannst du den umgekehrten Weg von oben nach unten auf den Plan setzen. Dabei ist noch mehr Vorsicht und Aufsicht nötig als beim Hochkrabbeln. Du hältst dein Baby immer fest. Mit Kissen gepolstert, wie das Michelin-Männchen, ist auch eine Option!

3) **Babygitter, diese verfluchten Hindernisse für Väter**

Während der ganzen Zeit stellen sich dir im Haus diese Babygitter in den Weg. Aufmachen, zumachen … aufmachen, zumachen. So läufst du durch das Haus und darfst es dabei nicht besonders eilig haben. Besonders schwierig, wenn man dabei das Baby auf dem Arm herumträgt.

4) **Spielsachen**

Spielsachen sollten robust und nicht überladen mit filigranen Details sein, die Baby im herzhaften Spiel abbrechen würde. Darum ist Babyspielzeug auch immer so grobschlächtig anzuschauen.

Aufgeklebte Dinge dürfen nicht leicht abgerubbelt werden können. Nichts darf brüchig sein. Sogar die Augen eines Schmusetieres können Opfer einer Bissattacke durch dein Baby werden. Die Frage, ob ein Spielzeug deinem Kind durch Verschlucken gefährlich werden könnte, wird beantwortet durch den Klopapierrollentest. Eigentlich brauchst du das Klopapier gar nicht, es geht nur um den Durchmesser der Pappröhre im Innern. Passt ein Spielzeug hindurch, gilt es als verdächtig, verschluckt werden zu können.

Sonstige Sicherheitsaspekte im Haushalt

- Überlege und schau nach, wo im Haus Bleifarbe verwendet worden ist.

- Alle möglichen giftigen Substanzen sollten gesammelt und an einem zentralen Ort verwahrt werden, der zu Recht als babysicher gelten kann.

- Richte in deinem Haus Rauchmelder in allen Räumen ein und besorge dir einen Feuerlöscher pro Etage.

- Die Notrufnummer beim Telefon sollte deutlich zu lesen sein. Besuche mit deiner Partnerin einen Erste-Hilfe-Kurs speziell für Babys und kleine Kinder.

- Das Baby sollte niemals ohne Aufsicht bleiben.

Umgang mit Babys ab 7 Monate

*

Babys Schlaf im Alter von 7 bis 9 Monaten

Nun verlassen wir die Lebensphase bis zu einem halben Jahr und kommen auf Babys in der anschließenden Entwicklungsperiode zu sprechen. Angefangen mit dem leidlichen Thema Nachtruhe …

Falls es in diesem Alter immer noch zu nächtlichen Ruhestörungen aus nichtigen Anlässen kommt, worunter wir das Verlangen nach einer Fütterung verstehen wollen, tust du vielleicht so, als ob du es nicht hören würdest (soll sich die Partnerin darum kümmern), während Mama dieselbe Taktik verfolgt. Tja, einer von euch muss aufstehen! Muss er oder sie? Nein, denn ohne es zu wissen, macht ihr jetzt genau das Richtige. Während man früher zu funktionieren hatte, geht es jetzt darum, abzuwarten und zu prüfen, ob der sieben- bis neunmonatige Nachwuchs von alleine wieder einschläft. Das kann mit etwas Ausdauer durchaus passieren. Ihr müsst nur unterscheiden lernen zwischen echten Problemen und eingebildeten. Wickeln ist natürlich auch in der Nacht Pflichtprogramm, geschieht jetzt aber rasch und mit sicheren Griffen, damit Ruhe ist. Krankheitsbedingtes Schreien und andere Ursachen werden natürlich auch ernst genommen.

Deine Tricks für diese Altersstufe und das Problem der nächtlichen Unruhe:

1) Übernimm die Nachtschicht

   Es kommt wohl so, dass du der Nachtmanager sein wirst, während deine Partnerin während des Tages im Nest für Ordnung sorgt und du arbeiten bist. Ärgere dich nicht darüber, das kann durchaus interessant sein. Der Erfahrung nach ist es unerheblich, welche der folgenden Tricks du anwendest, solange du sie nur in der gleichen Reihenfolge ablaufen lässt, Nacht um Nacht.

Warum? Baby ist noch ganz frisch in der großen unbekannten Welt. Daher bekommt es ein Gefühl von Sicherheit vermittelt, wenn stets die gleiche Routine an die Nacht gelegt wird. Dies wird mit Kooperation seitens des Babys belohnt.

2) Schaffe ein Umfeld aus „Beruhigungsmitteln"

Ist der Schnuller das Rezept, um ganz gewiss einzuschlafen, kann es immer wieder passieren, dass der Schnuller während der Nacht verloren geht, das Baby aufwacht und seinen Verlust bemerkt. Es wird dann danach suchen. Damit es auch fündig und kein Konzert nötig wird, kannst du üppig Schnuller um seine Schlafstätte streuen. Natürlich nicht genau daneben, damit es nicht darauf zu liegen kommt und davon aufwacht.

Mit weniger als einem Dutzend der Lutschdinger wird es Zeit, für Nachschub zu sorgen, denn man kann nie zu viele davon haben. Wer dir etwas schuldet oder dir ein Geschenk machen möchte, sollte das in der Schnullerwährung einreichen! So viele bekommst du ohnehin nicht zusammen, wie zu verschwinden pflegen.

3) Baby abfüllen!

Geht es ans Schlafengehen, siehst du zu, dein Baby maximal mit Milch abzufüllen, damit dieser schöne Schläfrigkeitseffekt sicher eintritt. Noch kurz Zähnchen reinigen oder mit etwas Wasser Milch ausspülen – fertig für die Nacht. Dafür wird vielleicht tagsüber weniger verputzt und es bleibt mehr Zeit für das Erlernen und Ausbauen von neuen Fähigkeiten.

4) Babys Kultobjekte

Irgendwas liebt dein Baby immer mehr als alles andere, so sinnlos die Vorliebe auch aussehen mag: Das ist eine Decke, ein Schmusetier, ein Bekleidungsstück. Der Kennerblick bleibt gerne an Seidenstoffen hängen und der Greifer bestätigt die Wahl. Ist es ein Hemd oder Unterhemd, machst du einen Knoten hinein, damit es nicht um Babys Kopf gewickelt werden kann. An diesen merkwürdigen Präferenzen ist nichts auszusetzen, ganz im Gegenteil: Der tröstende Effekt der Gegenwart seines Kultobjektes beschert deinem Baby ein leichteres Einschlafen. Jetzt kann man es auch mal kurz allein lassen, wenn nur das Lieblingsding bei ihm ist und seinen besänftigenden Einfluss ausübt.

Dabei gilt es noch etwas zu beachten:

Es ist ungemein praktisch, dem Baby etwas zum Liebhaben zu bieten, was leicht ersetzbar ist. Seltene Artikel sind nicht wiederzubeschaffen, ohne Baby hereinlegen zu müssen, und es könnte den Unterjubelversuch bemerken. Und es ist fast unmöglich, den Verlust des Lieblings auf Dauer zu verhindern. Stofftiere eines dauerhaft verkauften Franchise sind da verlässlicher. Heimlich kannst du davon auf Vorrat gekauft haben (unbedingt verstecken), um im Falle des schmerzlichen Verlustes, was immer zu Unzeiten wie nachts zu geschehen pflegt, würdigen Ersatz zu haben. Dabei machst du deinem Baby natürlich weis, dass es dasselbe Teil ist.

Exkursionen für Babys ab 7 Monate

In diesem Alter hat dein kleiner Racker seine soziale Ader entdeckt und möchte an allen deinen Kontakten zu anderen Humanoiden teilhaben, jetzt, da er verinnerlicht hat, dass er dazugehört. Ebenso wird der Bewegungsdrang menschenähnlicher. Du möchtest dein Baby darin bestärken und nimmst es mit hinaus in die große, weite Welt. Du machst dir infolgedessen Gedanken um lohnende Ziele.

Gute Ausflüge für Babys zu diesem Zeitpunkt sind:

1) Fußballspiel

    Das ist wirklich sehr interessant für sowohl Vater als auch Baby. Auf wen du wettest, machst du Baby klar und zusammen feuert ihr die sich hoffentlich als Champion erweisende Mannschaft an. Deinem Baby wird die Ehre zuteil, den Schaumstofffinger aufzusetzen! Sein Bizeps sollte durch euer Training mittlerweile ausgeprägt genug sein. Und ihr seid der Hingucker schlechthin, wenn Baby (mit etwas Nachhilfe deinerseits) beim nächsten gefallenen Tor das Konstrukt in die Luft hebt. Das sind Momente, die verbinden!

2) Einfach schwimmen, schwimmen, …

    Badehose(n) einpacken und los geht's. Bereits ab 4 Monaten kannst du dem gemeinsamen Planschen außerhalb der Badewanne nachgehen. Dieser Ausflug macht nicht nur Spaß, sondern stärkt auch gegenseitiges Vertrauen und vermittelt Baby ein besseres Gleichgewichtsgefühl. Wenn der Knirps müde in der Babyschale liegt, ist deine Chance gekommen, elegant mit Kopfsprung in das Wasser zu springen, um heimlich den Mamas am Beckenrand zu imponieren.

3) Nemo in Real Life!

    Wir bleiben beim Wasser! Ab zum nächsten Aquarium und Nemos in voller Pracht bewundern. Vorher ein Filmabend mit „Findet Nemo" und einen Tag später zauberst du die Fischlein in Fleisch und Blut vor Babys Augen. Wenn das in ein paar Jahren nicht nach einer „Bester Papa der Welt"-Tasse zum Geburtstag schreit. Die Mimik deines Babys beim Aquariumbesuch möchtest du unbedingt festhalten und packst die Kamera oder das aufgeladene Smartphone ein. Besonders im Sommer der beste Ort zum Verweilen, da hier eine angenehme Kühle herrscht.

4) Omas Garten und Apfelkuchen

Ab zu Oma in den Garten und Finger kreuzen, dass sie voller Vorfreude auf euch ihren besten Apfelkuchen aus dem Ofen zaubert. Decke auf den Boden legen, um Baby zu beherbergen. Am besten mit Blick auf die bunten Blumen und geeigneter Route zum Krabbeln-Üben – heißt, keine gefährlichen Gegenstände sollten Babys Weg kreuzen (Brennnesseln zählen auch dazu!). Neben dem schmackhaften Kuchen das Beobachten nicht vergessen! Gänseblümchen sind zwar nicht giftig und geben halb herausragend aus Babys Mund ein tolles Motiv. Allerdings en masse nicht die nahrhafteste Mahlzeit. Aus weiteren Erfahrungen kann ich dir raten, falls ein Vierbeiner bei Oma wohnt, auch dessen Futternapf außer Reichweite zu stellen. Kein Witz!

5) Beine vertreten

Die Überschrift bezieht sich mehr auf deine Beine. Denn Baby genießt es nach wie vor, von dir herumgetragen oder mit Kinderwagen kutschiert zu werden. Diese Möglichkeit kommt zeitnah nicht wieder! Besonders im Frühling und Herbst bietest du Baby beim Familienspaziergang ein tolles Farbspektakel. Hast du noch einen bellenden Vierbeiner zuhause? Anleinen und zeitgleich deinen Pflichten als Alpha-Männchen nachkommen. Mama mitnehmen ist natürlich auch erlaubt. Die einzige Begleitung, die es ohne Tragen und Anleinen schafft, dich zu begleiten!

Training für Babys ab 7 Monate

Zeit, sich auch in dieser Entwicklungsphase Gedanken zu machen, wie wir Babys Fertigkeiten spielerisch ausprägen können.

1) Turnen

In diesem Alter sitzt Baby bereits stolz auf seinen vier Buchstaben. Vielleicht kostet es dies noch viel Anstrengung und wird von Schweißperlen auf der Stirn begleitet, aber es klappt. Um seine Fähigkeiten und speziell seine Grobmotorik weiter zu fördern, kannst du behutsam mit ihm einen Turnversuch wagen.

Gewöhnlich lieben es Babys in diesem Alter, auf den Beinchen zu stehen und zu hüpfen. Du hilfst noch beim Aufstehen und hältst es sorgsam an den Händen fest. Beim Spüren seines Fliegengewichtes auf den wackeligen Bambi-Beinen beginnt es fröhlich loszuhüpfen. Erinnert dich sein Hüpfen zu sehr an deinen damaligen Wackeldackel, liegt das an einer zu wenig ausgeprägten Kopf- und Nackenmuskulatur. In diesem Fall zunächst an der Nackenmuskulatur arbeiten, bevor ihr zur Turnmatte zurückkehrt.

2) Der Klassiker: Bauklötze

In diesem Alter fängt Baby an, Zusammengehörigkeiten zu realisieren. Hier setzt du spielerisch an und unterstützt Baby bei der Entwicklung der kognitiven Fähigkeiten. Und manche Klassiker werden nie alt! Bauklötze müssen her! Diese stellst du vor Baby ab und schaust zu, was ihm in den Sinn kommt. Gleiche Farben sortieren, nach Größe anordnen ... Zugleich unterstützen Aktivitäten dieser Art stets die Hand-Augen-Koordination.

3) Das ist der Daumen ...

Der schüttelt was? Falls dir die Antwort nicht prompt einfällt, wird es höchste Zeit, den Kinderreim auswendig zu lernen. Kombiniere ihn mit dem dazugehörigen Fingerspiel und du bereitest Baby viel Freude. Zugleich werden die Motorik und das Bewusstsein für den eigenen Körper geschult. Und obendrein fördern Reime stets die Sprachentwicklung.

Endlich wird zurückgesprochen

Das vorherige Kapitel hat es bereits durchblicken lassen: Jetzt wird mit dem Baby kommuniziert, und zwar mehr als nonverbal!

Das geht einher mit einem deutlich gesteigerten Interesse daran, was du von dir gibst – also sage schlauere Dinge als zuvor! Noch gar nicht lange zurück hättest du dir den Mund fusselig reden können, ohne etwas in Babys Gehirn damit zu bewirken. Das ist jetzt anders. Die große Leere im Blick verschwindet und macht einem beginnenden Verstehen Platz. Jetzt ist Baby angeturnt. Es versucht, eure Sprache zu entschlüsseln. Das ist für alle Seiten mehr als interessant. Die Ereignisse führen auch zur Selbstreflexion, während du Dinge mit deinem Baby neu entdeckst.

Die ersten Worte aus Babys Mund fallen so zwischen sieben und elf Lebensmonaten. Dein Baby beginnt zu plappern, was zumeist auf dieses „Dadaa" hinausläuft, was sich mit etwas Fantasie als „Papa" interpretieren lässt. Darauf braucht man sich nichts einbilden, denn so ziemlich alles und jeder ist jetzt „Dadaa" – egal ob der Hund oder dein Antlitz. Bedeutsamer wird das Wort, wenn es mit Nachdruck in Serie erscheint, in einem unmissverständlichen Kontext. Zuerst erkennt dein Baby die Bedeutung von Worten, ehe es sie selbst artikulieren kann. Es sind Bruchstücke der Erwachsenensprache, die nach und nach erfasst und mit anderen dechiffrierten Teilen zusammengesetzt werden. Bis das Kind wirklich sprechen kann wie ein Erwachsener, musst du bis zu seinem sechsten bis siebenten Lebensjahr warten.

Gefördert wird die Sprachentwicklung wie folgt:

1) Zwiegespräche beginnen

   Hörst du dein Baby plappern, dann mache mit, auch wenn du nicht weißt, worum es geht. Du hörst interessiert einem „Satz" aus unverständlichen Silben und Lauten zu und antwortest zustimmend mit irgendeinem Blödsinn, wie: „Absolut richtig. Aber der Brexit hätte nicht vor zwölf Uhr mittags geduscht werden sollen." Damit wartest du auf eine Antwort aus Babys Mund. Allmählich fängt es an, Nuancen in der Konversation zu entdecken und sie interessant zu finden. Du darfst es nicht auslachen, sondern musst alles einleuchtend finden; also sei nicht sparsam mit Lob für den größten Schwachsinn, den du hören wirst.

2) Bezeichnungen säumten seinen Weg

Jeden Tag kannst du mit deinem Baby einen Rundgang machen und Dinge im Haus beim Namen nennen. Was du Baby nicht alles an schönen Dingen zeigen und benennen kannst, die du noch gebrauchen durftest, als es noch nicht da war! Das kannst du ihm jetzt genüsslich vorhalten, da es ohnehin nichts versteht. Aber immer freundlich lächeln dabei. Eine Bezeichnung sollte genau richtig liegen, weder zu allgemein noch zu speziell. Ein Fußball etwa ist ein Fußball und kein Sportgerät oder ein Souvenir der WM 2006.

3) Gereimt hält besser

Wie sich jeder denken kann, lassen sich Worte und Sprache am besten im Gedächtnis behalten, wenn sie sich reimen. Das ist auch bei Kindern nicht anders. Du kannst auch deine liebsten Songs ohne Musikbegleitung vorsingen, wenn dir das leichter fällt.

4) Erfolg verlangt nach einem Applaus

Ist ein Wort – wenn es auch nur das allgegenwärtige „Dadaa" ist – mit einer Geste verknüpft, die auf ein Ding deutet, dann ist das das Signal, dass Dinge mit Bezeichnungen verknüpft werden. Das schreit nach einer sofortigen Belobigung, auch wenn du deshalb nicht schreien solltest. Es reicht, diese „i-Anhängsel" an die Worte von Interesse zu tackern. Das ist zwar albern, aber soll Baby erleichtern, Worte zu unterscheiden.

5) Bücher mit Mehrwert

Die ersten Bücher für Kleinkinder sind interaktiv und ausgesprochen haptisch angelegt – da gibt es Knöpfe und Zippverschlüsse, dreidimensionale Objekte zum Befühlen und was nicht noch alles an pädagogisch sinnvollen Einfällen. Hier wird nicht nur der beginnende Wortschatz, sondern auch die Feinmotorik und die Koordination von Auge und Hand trainiert. Für dich mag es langweilig sein, aber solange immer die gleichen Bücher bei Baby für Spaß sorgen, ist nichts verkehrt daran, immer wieder dieselben Seiten umzublättern. Hauptsache, du bringst dein Baby mit Büchern zusammen und es entsteht ein Nutzen.

Mit personalisierten Büchern verfügst du über ein sicheres Rezept, dein Baby Gefallen an Büchern finden zu lassen. Die gibt es zwar schon vom Verlag dafür vorbereitet, aber du kannst auch ein beliebiges Buch für das Gute-Nacht-Vorlesen, wovon vielleicht ein halbes Dutzend bei euch herumliegt, nehmen und mit ausgeschnittenen Fotos von euch und eurer Lebensumgebung bekleben. Die Namen im Buch werden damit abgeändert und du kannst allen vertrauten Institutionen in Babys Welt eine gute Nacht wünschen, während du mit dem Finger auf die Bilder zeigst: „Gute Nacht Mama, gute Nacht Papa, gute Nacht Haus, gute Nacht Salzstreuer!"

Beförderung zur großen Badewanne

Ist dein Baby inzwischen aus der Babywanne gewachsen? Gut, dann wird es Zeit, die Badewannen der Großen einzusetzen. Gibt es Schwierigkeiten mit der Akzeptanz dieses Wechsels, bringe ihm die Badewanne näher mit Aufenthalten ohne Waschvorgang, einfach nur zum Spielen mit Spielsachen in der leeren Wanne, von deren Vorzügen du dich überzeugt gibst.

Fühlt es sich erst mal wohl darin, ist dein Baby vielleicht gar nicht mehr so einfach herauszubekommen. Du bist dann darauf vorbereitet und weißt den Ort optimal zu nutzen: für das Zähneputzen, das Auskundschaften von Schürfwunden, die der neu gewonnenen Mobilität zu verdanken sind, und, einfach alles, wobei Baby normalerweise nicht stillhalten will. Gut für dich, denn hier hast du noch bessere Kontrolle über Baby als außerhalb.

Vorarbeit

In die Wanne kommt zunächst mal eine Badematte; ein Antirutschbelag, damit das Baby nicht herumschlittert wie ein Stück Seife oder ein Bob im Eiskanal. Für den Wannenrand besorgst du eine Abdeckung, die diese Kante auspolstert und so vor schmerzlichem Kontakt mit Babys Kopf schützt. Ist gerade nichts zur Hand oder euer Baumarkt ist abgefackelt, kann ein Provisorium aus Schwämmen und Klebeband genügen. Nun wird die Wanne 10 cm hoch mit Wasser befüllt. Die Temperatur darf ähnlich warm sein wie beim Erwachsenenbad. Das testest du mit der früher vorgestellten Ellenbogenfühlmethode. Techfreaks können auch ein Badethermometer hineinwerfen. So, mit einem Blick schweifen wir über unsere Batterie aufgestellten Zubehörs: Plastikbecher, Babyseife, Babyshampoo, Waschlappen und Handtücher.

Am meisten Spaß macht es, mit in der Wanne zu sitzen und zusammen zu baden, statt von außen über den Rand gebeugt zu waschen. So fühlt sich Baby sicherer in deiner Gesellschaft. Wie du das Wasser zum Herumschwappen bringst, ist allein schon sehr spaßig.

Eine gepolsterte Ablage in der Art des Wickeltischs ist nicht schlecht in der direkten Nachbarschaft zur Wanne. Hier legst du dein Baby auf einem Handtuch ab für die kurze Zeit, wenn du selbst in die Wanne einsteigst. Und umgekehrt, bevor du die Wanne wieder verlässt. Ein Bademantel kann dazu auch gut verwendet werden.

Der unvermeidliche Fremdkörper

Wie es so geht, wird dein Baby wohl wie üblich während des Badens den Darm entleeren. Du bist darauf vorbereitet und hast einen zweiten Becher dabei, womit sich der Kot im Wasser einfangen und entfernen lässt, ohne dass der komplette Wanneninhalt seinetwegen ausgetauscht werden müsste. Ganz geschickte Väter fangen das Häufchen gleich nach dem Austreten darin auf, sodass es gar nicht erst ins Wasser plumpst. Und sie wissen vor allem, dass Baby sich nicht geniert, wenn das Gesicht rot anläuft. Hier fangen die Alarmglocken an zu ringen und der Arm schnellt bereits entschlossen für die erwähnte Reaktion zum Becher.

Haare waschen

Mit einem Trick vermeidest du, dass beim Haarewaschen Seife oder Shampoo in die Augen deines Babys gerät. Dazu klebst du ein Spielding, welches dazu einen Saugnapf besitzt, an deine Stirn. Baby soll den Kopf zum Betrachten dieser merkwürdigen Vorrichtung nach hinten legen und dir so sein Haar zum Ausspülen bieten. Habt ihr nichts Passendes mit Saugnapf, klemme dir irgendetwas zwischen die Zähne oder mache aufmerksamkeitsheischende Geräusche, die Baby ebenso nach hinten und oben schauen lassen.

Etwas aufwändiger ist es, bunte und möglichst feuchtigkeitsresistente Bilder an die Badezimmerdecke zu kleben, die sich Baby anschaut, während es den Kopf nach hinten legt.

Du bleibst lieber im Trockenen?

Willst du lieber in Ruhe allein baden und während der Badehandlung am Baby trocken bleiben, besorgst du eine „dritte Hand", um Baby festzuhalten. Entweder gehst du in einen Babyladen und kaufst die dafür hochentwickelten Badeaccessoires oder du wirst kreativ und zweckentfremdest bereits im Haushalt befindliche Sachen. Bei aller Ausstattung bleibt weiterhin der Grundsatz bestehen, dein Baby nie alleine im Badezimmer zu lassen.

Solche Gerätschaften sind:

— Eine Wanne zum Aufblasen

   Die passt genau in die Erwachsenenwanne und soll Babys Rücken abstützen. Spielzeug bleibt in Griffweite dabei. Du kommst damit mit weniger Wasserfüllung aus.

— Ein Sitz für die Badewanne

   Der Sitz wird mit Saugnäpfen an den Wannenwänden festgehalten und womöglich nach unten abgestützt (modellspezifisch). Die Vorrichtung soll das Baby in aufrechter Position halten, während es gewaschen wird.

— Spielzeug zur Badebegleitung

   Als einfallsreicher Vater kaufst du keine Spielsachen nur für die Badewanne. Ganz gewöhnliche Dinge aus deinem Haushalt, bevorzugt solche, die schwimmfähig sind, finden Verwendung als Badebegleiter. Das sind zum Beispiel Tupperdosen als Floß für kleinere Sachen. Da wären Platzsets aus Gummi vom Essenstisch, die vorübergehend an die Wannenwände geklebt werden können. Dann kannst du ein Sieb und einen Trichter aus der Küche mitbringen, durch die sich Wasser gießen lässt. Oder wie wäre es mit einem Gummischlauch, durch den man blasen kann, damit Geblubber entsteht? Ist es ein Wegwerfobjekt, kann man die Wirkung vervielfältigen und Löcher entlang des Schlauches schneiden. Oder du nimmst ein halbes Plastikrohr, das sich wie eine Regenrinne einsetzen lässt, um Wasser zu kanalisieren. Bälle sind auch immer gut. Boote baust du aus Weinkorken oder dem Eierkarton, oder es findet sich im regulären Spielzeug ein Schiffsmodell für die Wanne.

Haare- und Nägelschneiden

Du wirst den Haarschnitt im ersten Jahr eigentlich nur brauchen, um Stirnfransen oder Nackenhaare zu stutzen – und Letzteres ist bei Mädchen auch nicht unbedingt gewünscht.

Deine Partnerin kennt wahrscheinlich schon Friseure mit Kinderservice in der Umgebung. Aber Kindern die Haare familienintern zu schneiden, ist eine gute Methode, über Jahre Zeit und Geld zu sparen. Es gehört nicht viel Talent dazu. Gerade bei Babys kannst du nicht viel „kaputtmachen", denn Baby wird immer alles mit seinem Charme wegbügeln.

Nun also los: Als Friseurstuhl erweist sich Babys Hochstuhl als nützlich. Baby nimmt im Wachzustand Platz. Um diesen Zustand zu erhalten, hilft der Fernseher. Soll das Baby in diesem Haushalt keinem bösen Glotzenzauber ausgesetzt werden, muss Mami eben mit Puppen vor Baby eine Show aufführen. Du stellst dich hinter den Hochstuhl und nimmst eine Schere mit abgerundeten Spitzen. Auf dem Boden hast du ein Tuch ausgelegt für das Auffangen von Haarschnipseln, und ein Cape zum Abdecken von Babys Körper ist auch nicht schlecht. Denn abgeschnittene Haare piksen und werden lästig. Du gehst in kleinen Schnitten vor, damit sich Fehler nicht gleich dramatisch auswirken.

Das Schneiden des Ponys

Beim Ponyschneiden könnte es zu Widerstand kommen. Das Baby fuchtelt gern mit den Armen herum und wackelt mit dem Kopf, um der Schere zu entkommen, die da bedrohlich vor dem Gesicht auftaucht. Das ist ein wünschenswerter Instinkt. Um ruhig arbeiten zu können, kannst du auch am schlafenden Baby arbeiten. Zumindest sollte es aufrecht sitzen. Vielleicht lassen sich die Augen abschirmen, sodass es die Schere nicht sieht. Ein paar Finger zwischen Schere und Kopf sind auch keine schlechte Idee.

Das Schneiden der Nägel

Handwerkliches Geschick und technische Präzision von vielen Männern sorgen dafür, dass ihnen auch die Aufgabe des Nägelschneidens am Baby von der Partnerin übertragen wird. Glücklich, wer eines hat, das so tief schlafen kann, dass es das Stutzen nicht bemerkt. Sonst braucht es einen Helfer oder die beste Aufmerksamkeitsfesselung, die verfügbar ist. Erleichtert wird die Sache, wenn du sie nach dem Bad angehst, denn dann sind die Nägel weicher, wie bei Erwachsenen.

Das Gerät dazu ist entweder eine spezielle Nagelschere für Babys oder eine Schere für das Nasenhaareschneiden. Nur die Spitze sollte wieder stumpf sein.

Ohne Fehler wird es kaum abgehen, mach dir darum keinen Kopf. Es hilft, die Fingerkuppe etwas nach unten zu drücken, während zum Schneiden angesetzt wird.

Greifarme verlangen nach Fingerfood

Hast du mal Babys „fester" Nahrung einen längeren Blick gewidmet? Eigentlich ähnelt es eher dem Essen aus dem Altersheim, meinst du nicht? Das geht nun auch Baby auf, etwa im Alter von zehn Monaten, und es schielt mit Verlangen nach eurer wirklich festen Nahrung auf den Tellern. Mit dem Breizeugs auf dem eigenen Essplatz kannst du Baby dieses Verhalten nicht verdenken.

Würden wir den Inhalt von Gläsern in farbigen Pasten und der Aufschrift „Reis" oder „Hähnchen" gern essen? Wir denken da an Astronautenfutter und wähnen uns in kulinarisch barbarischen Zukunftsszenarien. Einzeln für sich sind die Zutaten der Etiketten ja gar nicht so übel – aber sie zu einem einzigen Brei verpanschen?

Jetzt kannst du damit Schluss und Baby mit Fingerfood bekannt machen. Diese neue Alternative nimmt auch den Druck von euch, immer genügend von diesen Gläsern mit Babynahrungsbrei vorzuhalten. Dein Baby kann sich nun etwas aussuchen und dazu den Zugriff per Greifarm einstudieren. Der muss ja auch dosiert werden, damit nicht jedes Fingerfood im stählernen Zangengriff zermanscht – und doch wieder zu Brei – wird.

Beim Zubereiten von Fingerfood beachtest du Folgendes: Zerkleinere das Essen so, dass die Happen die Größe von Chips besitzen. Dein Baby soll keine Probleme beim Herunterschlucken haben.

Mit der Zeit kannst du die Präferenzen des kleinkindlichen Geschmackes herausfinden. Die Lieblingsbreisorten sind ja schon mal ein Hinweis. Betrachte, welches Fingerfood mehr Zuspruch findet und welches weniger. Die Darreichung als Stapel, jede Art Essen für sich, hilft dem

Baby, eine Wahl zu treffen und bei ihr zu bleiben. Die kaum angerührten Stapel bleiben dann eben beim nächsten Mal weg.

Wenn dein Baby konservativ ist und immer noch Brei aus den Gläsern vorzieht, braucht es eine Showeinlage, um die Fingerkost interessanter erscheinen zu lassen. Etwas Anreicherung mit darüber geschmolzenem Käse oder anderen Aufwertungstricks können den Unterschied ausmachen. Unter einen Behälter gesteckt oder sonst wie schwerer erreichbar, macht es das Fingerfood umso begehrlicher.

Der Becher kommt zum Trinken auf den Tisch

Die Flasche tritt den Rückzug an und der Trinkbecher hält seinen Einzug bei Babys Gewohnheiten am Essenstisch. Das ist der Zwischenschritt zum „richtigen" Becher. Er ist mit einem aufgedrückten Aufsatz über dem Rand vorm Ausleeren geschützt, weshalb dein kleiner Racker den Becher auch weitgehend gefahrlos umwerfen oder fallen lassen kann, ohne dass es zum Malheur kommt.

Der Inhalt der Babyflasche wird unterdessen mit einem Saughalm zur flüssigen Vorspeise umfunktioniert. Diese Reminiszenz bietet Baby einen Rückhalt, während die neuen Dinge erprobt werden.

Es wird sich perfekt wohlfühlen mit dem vegetarischen Programm und alle Sorten von Gemüse verdrücken, ohne dass du dazu politische Reden schwingen müsstest.

Als Fingerfood zubereitet finden sich: Käsesorten, gekochte Stückchen von Pute und Hähnchen, gekochte Karotten, Pfirsich, Obst, gekochtes Eigelb, Nudeln, Joghurt, Hackfleisch, Tofu, gekochte Kartoffeln und frittierte Pommes. Sogar an in Essig eingelegten Gurkenstückchen kann dein Baby Gefallen finden.

Was du dagegen nicht geben solltest, sind: Eiweiß (jetzt ist der übrige Inhalt des Eis gemeint), Zitronen(saft), Trauben, Honig, Kuhmilch, Erdnussbutter, Nüsse aller Art, Heidelbeeren, Popcorn, Rohkost und Honig. Soll auch Leute geben, die Hotdogs reichen. Tust du nicht, denn du hast diesen Papa-Ratgeber gelesen.

Restaurantbesuche mit Babys

Bis du so weit, mit Partnerin und Baby ein Restaurant zu beehren, regelst du besser deine Erwartungen an einen gelungenen Abend auf einen geringen Wert. Es ist nicht zu erwarten, dass du Freude an deiner Mahlzeit haben oder dich mit deiner Partnerin gepflegt unterhalten können wirst. Sind dir die Götter der Eventbespaßung hold, ist Baby vielleicht wider Erwarten brav wie ein Engelchen, so sei dankbar und genieße die verbleibenden Minuten mit deinem Gericht in vollen Zügen.

Von der Idee, dein Baby überallhin mitnehmen zu müssen, hast du dich hoffentlich zu diesem Zeitpunkt bereits verabschiedet. Für einen unverschämten Preis für ein winziges Rumpsteak darfst du wirklich erwarten, dieses auch ungestört goutieren zu dürfen, ohne dass dir dein Baby darauf spuckt oder mit Krakeelen die Sinne verwirrt – eure und die der anderen Restaurantbesucher. Ist es dagegen ein Restaurant mit angeblich familienfreundlichem Charakter und die Gäste bombardieren euch mit bösen Blicken, stimmt mit Gastwirtschaft und den Gästen etwas nicht. Nicht ihr seid das Problem. Du suchst also am besten familienfreundliche Etablissements. Aber woran erkennst du sie?

Ein Erstbesuch zum Abchecken (ohne Baby) wäre eine gute Idee, oder du guckst auf die Homepage. TripAdvisor ist auch immer einen Blick wert. Du schaust nach: Kinderspielecken mit Spielzeug, Buntstiften, auffällig kleinen Stühlen, Fernseher, Tischbesteck aus Plastik, bunte Wände und Ketchup. Kunststoffgläser sehen zwar billig aus, sind aber unkaputtbar und damit kleinkindkompatibel, weshalb du annehmen darfst, dass sie deshalb verwendet werden.

Babyfeindlichkeit in der Gastronomie könnte sich bemerkbar machen durch: Kerzen, bereits gedeckter Tisch mit einer unüberschaubaren Menge an Besteck, Tischdecken mit kunstvoll gesteckten Servietten,

Kerzenleuchter und Vorhänge, die den Raum zieren, sowie Weingläser für den Verzehr von Wasser. Hier ist noch lang nicht Schluss: Das Personal weist Plätze zu.

Erfahrungsgemäß gibt es Kategorien von Gastronomie, die eher mit Babys klarkommen. Das sind:

1) Fast-Food-Ketten. Natürlich nicht aufgrund des gesunden Essens. Allerdings fällt es hier am wenigsten auf, wenn Baby sein Essen durch den Luftraum katapultiert. Und auch gilt es, die Menüs mit dem Spielzeug zum Alleinunterhalten zu erwähnen. Die auf den Boden geworfenen Pommes werden hinterher natürlich trotzdem vom Boden aufgesammelt.

2) Kindercafé. Je nachdem, ob du in der hippen Großstadt oder auf dem konservativen Land wohnst, sind diese mehr oder weniger anzutreffen. Kleiner Recherchetipp: www.babyplaces.de. Während du dir bequem mit den Spielplatzvätern einen Espresso genehmigst, spielt Baby in der Spielecke munter vor sich hin. Und auch die Speisekarte bietet für jedes Alter das Richtige.

3) Der Inder. Erfahrungsgemäß sieht Baby gerne einiges von der Speisekarte in seinem Magen landen. Viel Reis und weiche Nahrung wie gegrilltes Gemüse oder Spinatgerichte. Nur den Kellner darauf aufmerksam machen, dass zu viel Chili in Babys Gericht dir eine schlaflose Nacht bereitet. Dann kann nichts mehr schiefgehen!

4) Alle Restaurants mit Buffet. Diese eignen sich besonders gut, wenn das grummelnde Hungergefühl nicht mehr auszuhalten ist. Für Baby und dich! Du kannst schnell zum Buffet rennen und hast keine Wartezeit mit Entertainmentprogramm zu füllen.

Den Restaurantbesuch glücklich managen

Setze deinen Restaurantbesuch eher früh an, besonders bei den ersten Versuchen. Nachmittags trifft man weniger Gäste und diese sind dann oft Senioren, die wilden kleinen Rabauken noch eher milde gesinnt sind.

Keine gute Idee ist, das Baby hineinzuschleppen, wenn es schon richtig Kohldampf schiebt. Schließlich geht es um ein in die Länge gezogenes Dinieren und nicht die rasche Abfüllung, wodurch Baby also auf eine große Geduldsprobe gestellt würde, die es natürlich nicht schafft, und zu quäken beginnt. Kannst du es nicht schon zuhause anfüttern, wäre ein Anruf beim Restaurant eine gute Idee, damit die Bedienung einen Imbiss für Baby zum sofortigen Einsteigen bereitstellt, bis ihr ankommt. Das können Brot oder Kekse sein.

Der Tisch wird nicht zufällig, sondern mit Bedacht gewählt. Einer in der Nähe der Tür ist gut, um rasch nach draußen zu gehen, wenn Baby mit Heulen anfängt. Ein Tisch nahe der Tür zur Küche ist weniger gut, da hier Verkehr mit heißen Gerichten auf den Serviertabletts herrscht. Ebenso ist die Nähe von Toiletten nicht zu empfehlen, da ein Hochstuhl den Leuten im Weg stehen könnte. Gut ist ein Platz mit Aussicht nach draußen oder zu einem Aquarium, um Babys Aufmerksamkeit zu fesseln. Darüber hinaus kannst du auch einige Spielsachen mitnehmen, um dort Wartezeiten zwischen den Gängen oder auch die Zeit, während die Eltern noch von der Exklusivität des Events zehren, zu überbrücken.

Ausbrüche von salzwasserreicher Traurigkeit nimmst du zum Anlass, Baby nach draußen zum Wagen zu tragen. Gibt es später nochmals ein Tränenfest, kann deine Partnerin den Part übernehmen. So kommt jeder zum Beenden seines Gerichts und zum Austrinken seines kostbaren Drinks.

In Reichweite von Babys Armen und Greifzangen bleibt der Luftraum frei und alles an Essen und Trinken wird weggeräumt. Ein Spielzeug kann als Testmittel dienen, wie weit Baby sich ausstrecken kann, um heranzukommen. Nun sollte nichts außer Babys Sachen und dem für Baby bestimmten Essen in diese Zone geraten. Achte darauf, dass sich auch die Bedienung des Restaurants daran hält.

Gibt es unschöne Spuren von Babys Essen auf dem Boden, solltest du nicht dem Personal des Restaurants zumuten, diese zu entfernen. Du bist ja geübt darin. Auch ein großzügiges Trinkgeld für die Extrabelastung ist etwas, was gern gesehen und erinnert wird, wenn du wieder in dieser Gastwirtschaft einkehrst.

Umgang mit Babys ab 10 Monate

*

Exkursionen mit bald ein Jahr altem Baby

Wieder ist ein neuer Entwicklungsabschnitt erreicht. Bald wird dein Baby ein Jahr alt! An Hochstuhl und Bettchen verliert Baby mehr und mehr sein Interesse. Es wird nach mehr Action verlangt! Mit dir oder ohne dich. Wohin könnte man gehen, um diese Bedürfnisse abzudecken? Hier sind meine Empfehlungen:

1) Zoobesuch

Viele unbekannte Gesichter, exotische Geräusche und neue Düfte. Baby ist mittlerweile alt genug, um der Ehre des ersten Zoobesuches zuteil zu werden. Lass es den Affen beim Schaukeln zuschauen oder einen Adrenalinkick vor dem Tigerkäfig bekommen und kaufe Futter für Esel und Ziegen. Gib Baby für seine erste Raubtierfütterung (ich rede von den Eseln, nicht dem Tiger!) etwas Futter auf die Hand. Natürlich sorgsam den Esel mit der fröhlichsten Miene auswählen und auf gestreckte Finger der Hand achten, sodass keine Unfälle passieren. Begleitet dich deine Partnerin, fängt sie die Szene und Babys Mimik ein, wenn die rauen Lippen sich das Futter schnappen. Mit Photoshop ersetzt du flink den zuvor fotografierten Tigerkopf mit dem des Esels und hast einen tollen Desktophintergrund.

2) Abenteuerspielplatz

In diesem Alter kann Baby in der Regel alleine sitzen. Wenn es noch etwas hapert, bietet der Sandkasten einen weichen Untergrund, um diese Fähigkeit final zu entwickeln. Daher wird es Zeit, zum Spielplatz zu fahren. Dir ermöglicht dieser Ausflug eine Auszeit auf der nächstgelegenen Bank. Aufregend für Baby, da viele Gleichaltrige um es herumscharwenzeln. Es kann stolz erste soziale Erfahrungen sammeln. Achtung: immer im Blick behalten. Die Gefahr von schlechtgelaunten Babys mit Sandschaufel in der Hand lauert überall.

3) Probewohnen im Einkaufszentrum

In Einkaufszentren ist deine Familie gern unterwegs, denn sie haben verdammt viele Sachen unter einem Dach vereint, bieten wunderbare Rolltreppen und Warmluftgebläse. Es bieten sich zahlreiche Gelegenheiten, die unterschiedlichsten Waren anzutesten, ohne beobachtet zu werden. Verlangen Babys Augen nur so nach einem Adrenalinkick? Vielleicht findet ihr Spielekonsolen, um seinen ersten Boxkampf zu simulieren oder lauthals „I'm so excited" in die Karaoke-Mikrofone zu trällern. Und nach all der Action gibt es immer genügend Möglichkeiten, die Energie mit einem Kaffee oder einem Nickerchen in der Couchabteilung zurückzuerlangen. Ersteres versteht sich für dich!

Training mit bald ein Jahr altem Baby

Unterstütze die körperliche Entwicklung deines nun zehn bis zwölf Monate alten Babys mit einigen ausgetüftelten Übungen in der Art folgender Vorschläge.

1) Die erste Kritzelei für den Kühlschrank

Baby nähert sich seinem ersten Geburtstag. In diesem Alter können Babys meist einen Stift in der Faust halten. Als Ergebnis pinnst du erste abstrakte Gemälde deines Nachwuchses mit viel Freiraum zur Interpretation an den Kühlschrank.

Was fördert das Malen? Vor allem ist es der Vorreiter zum Schreiben und künstlerischen Malen. Zu diesem Zeitpunkt hilft es Baby, den Zusammenhang zwischen Hand- und Augenbewegung zu trainieren und die Feinmotorik zu stärken.

Falls Baby noch keinen Stift in der Faust halten kann, befindet es sich noch in der ersten Phase des Malens. Diese beginnt ab sechs Monaten. Hier bedienen sich Babys üblich an flüssigen Stoffen, um ihrer Kreativität freien Ausdruck zu verleihen. Heißt, es lässt sich vom Kartoffelpüree beim Mittagessen zum Schmieren verleiten. Oder doch lieber Babyfingerfarben von Amazon für diese Zwecke bereitstellen?

Falls Baby schon stolz den Stift in der Hand hält, kommen die Bewegungen zunächst aus der Schulter bzw. dem ganzen Arm. Die Fähigkeit, den Stift in Schreibhaltung zu halten, folgt gewöhnlich um die drei Jahre. Daher begnügst du dich zunächst mit den Kritzeleien von Baby und ermutigst es, sich weiter kreativ auszutoben.

2) Von „Ggrhh" zum ersten Wort

Die Sprachentwicklung variiert sehr stark von Baby zu Baby. Das erste Wort kannst du ab dem 7. bis zum 18. Monat erwarten. Daher eignet sich dieses Alter besonders gut, um die Sprachentwicklung und Babys Stimmbänder zu fördern.

Falls vorher schon Laute wie „Mamamama" gefallen sind, kein Grund zur Eifersucht! Das erste bewusst geformte Wort war dies noch nicht. Laute wie diese sind üblich in der sogenannten Lallphase von Baby, in der auch die berühmten „Dadaa"-Laute entstehen. Dir bleibt also noch Zeit, sein erstes Wort in „Papa" umzuwandeln. Aber wie?

Dafür gibst du Baby die Gelegenheit, so oft wie möglich selbst zu sprechen. Kennst du noch das berühmte Dosentelefon? Es stellt keine teure Investition dar und eignet sich perfekt, um die Freude am Sprechen zu fördern. Vielleicht ist etwas Interessantes im Sandkasten passiert, an dem Baby dich teilhaben lassen möchte?

3) Bezaubernde Kartenmotive für Mama

Die pädagogischen Ratschläge sind ja nett, aber als Papa muss man seinen Thronfolger auch Blödsinn lehren. Vielleicht bringt Baby damit seinen ersten Schwarm im Sandkasten zum Lächeln?

Du brauchst lediglich Baby, dich und einen Spiegel. Und um eventuellem Streit und Diskussionen über pädagogische Themen aus dem Weg zu gehen: sturmfrei! Falls du trotzdem dabei erwischt wirst, helfen folgende Argumente:

– Du förderst damit die Feinmotorik von Baby.

– Du stärkt die Vater-Kind-Beziehung.

— Baby hat Spaß!

Was wir machen wollen? Ab zum Spiegel und Grimassen schneiden. Ganz einfach! Tobt euch aus. Und vielleicht positionierst du deine Videokamera oder dein Smartphone auf einem Stativ hinter euch und nimmst Babys Fratzen für die nächste Geburtstagskarte für Mama auf.

Was tun, wenn keine Windel zur Hand ist?

Wie so oft wirst du mitten in der Nacht aufgeweckt durch Babys Weinen. Deiner fachkundigen Meinung nach und der grünen Wolke, die bereits den Weg in euer Schlafzimmer gefunden hat, handelt es sich um eine Lautmalerei des Unwohlseins. Kein Wunder, wenn der Po in Urin und weitaus mehr getränkt ist! Beiläufig greifst du ins Vorratsfach für frische Windeln – und musst schlagartig erkennen, dass keine mehr da sind! Was tun? Erst am Morgen wirst du Gelegenheit haben, dir neue zu beschaffen. Oder ist zu allem Überfluss auch noch Sonntag?

Der gewitzte Vater hat sich einen Kniff eingeprägt, wie in solchen Situationen ein Notbehelf bewerkstelligt werden kann. Dieser Notbehelf muss weder in der Eigenschaft der Saugfähigkeit den Windeltest des Jahres gewinnen noch hübsch anzuschauen zu sein. Er muss nur funktionieren. Die Ersatzwindel muss ihren Zweck erfüllen und die Zeit überbrücken, bis echte Abhilfe besorgt werden kann. Wenn nötig auch ein paar Stück davon, wenn es am frühen Sonntag passiert.

Die Behelfsimprovisationswindel

Zutaten sind: Geschirrhandtuch, Baumwollsocke, Klebebandrolle in der Art, wie sie Tapezierer benutzen

Anleitung:

Falte ein Geschirrtuch auf und breite es aus. Darauf legst du eine Socke in die Mitte des Textils.

- Nun faltest du das Tuch über die Seiten, damit sich ein Viereck abzeichnet.
- Das (gesäuberte) Baby legst du auf das Geschirrtuch, und zwar so, dass die Socke entlang der Pofalte und zwischen die Beine kommt.

Der untere Teil wird zwischen seinen Beinen gefaltet und nach oben und vorn gezogen.

– Fixiere die Ecken mit Klebeband. Die Packung sollte nicht zu eng sein und die Klebung keinen Kontakt mit der Babyhaut bekommen.

Gegen Schlaffheit hilft, weiteres Klebeband zu verwenden, um den Raum zwischen den Beinen zu schließen. Wasserdicht wird die Behelfswindel, indem du eine aufgeschnittene und ausgebreitete Plastiktüte (unter das Geschirrhandtuch gelegt bei der Vorbereitung) außen mitverklebst.

Ab diesem Alter wird es Zeit, dass du deine Techniken für das Windelwechseln überdenkst und dem wachsenden Widerstand des älteren Babys anpasst. Denn es hat jetzt wenig Lust, sich für das Windelwechseln hinzulegen. Also machst du es im Stehen.

Das Windelwechseln am älteren Baby

Dazu wird dem Baby gestattet, während des Stehens die Windel ausgetauscht zu bekommen. Ist allemal besser, als sich jedes Mal einen Kampf zu liefern, wenn es dafür liegen soll. Vornehmlich geeignet für uringetränkte Windeln, mit Vorsicht auch bei verkoteten Windeln brauchbar.

Arbeitsschritte wie folgt:

1) Lege einen Vorrat Spielzeug auf einem Sofa oder einem Sitz ab. Ist das nur ein wackeliger Stuhl, sollte er irgendwie befestigt werden, damit er nicht verschoben werden kann.

2) Um Baby in die Falle zu locken, bedienst du dich dem Urinstinkt der Eifersucht und hast unüberhörbaren Spaß mit seinem Spielzeug. „Papa spielt? Das will ich auch!"

3) Angle dir den Knirps und lehne ihn gegen das Sofa oder den Stuhl. Eine Hand hält das Baby fest, falls es umzukippen droht. Schließlich hat es erst Krabbeln drauf und noch nicht Gehen oder Stehen. Baby sieht jetzt die Spielsachen vor sich und greift zu. Es ist abgelenkt. Sichere, geübte Griffe lösen die volle Windel und nehmen sie herunter. Die neue Windel wird in Sekundenschnelle aufgezogen wie Pneus an den Rennwagen beim Boxenstopp. Alles muss schnell gehen, denn jeden Moment kann dein Rennstreckenchampion anfangen, sich von den Spielsachen abzuwenden oder sich von seiner Überraschung zu erholen und Unmut zu bekunden. Außerdem willst du nicht wissen, ob er nicht noch was im Tank hat und durch den Auspuff bläst, just in dem Moment, als du Boxengassenteam spielst.

Ist dein Baby schon etwas weiter und kann ohne Stütze stehen, ist die Methode eigentlich überall anwendbar und kommt ohne Stützflächen aus.

Alleinunterhalter-Tipps in dieser Lebensphase

Die Talente in der Familie sind klar verteilt: Durch das Privileg ihrer Brüste wird ihr das Stillen zuteil. Für dich bleibt der Titel „Fachmann für Baby-Entertainment". Wollen wir doch hoffen. Damit will ich nicht sagen, dass Mama nicht auch in der Lage wäre, Baby zum Lachen zu bringen. Aber du hast den richtigen Riecher dafür, was Baby gefällt, denn mit dem Kind im Mann in dir bist du ihm gar nicht so unähnlich. Kannst du Ben & Jerry-Filmen, entschuldige, natürlich Tom & Jerry, oder Slapstick-Klamauk etwas abgewinnen, musst du einfach ähnlich wie Baby amüsierbar sein. Diese Art Filme gibt dir auch die Handhabe, wie du Baby zum Lachen bringst.

Übung macht den Meister, und so wirst du auch durch Versuch-und-Irrtum-Methode allmählich herausfinden, was Baby köstlich amüsiert und was weniger. Manchmal würdest du von selbst nie darauf kommen – etwa, wenn schon dein Rülpser zu Babys Lachkrampf führt. Hier einige Anregungen, was noch erfolgreich sein könnte:

1) Vati schwingt das Tanzbein

Schalte Musik ein! Musik, bei der deine Füße einfach nicht stillhalten wollen. Platziere Baby in der ersten Reihe und lege los. Tanz, was das Zeug hält, und krame deine alten Tanzmoves hervor. Angestachelt von Babys Freudenschreien packst du deinen längst vergessenen Moonwalk aus und drehst dich eleganter als jede Ballerina. Sind Babys Jubelschreie nicht zu bremsen, lässt du es auf deinem Arm mittanzen. Will es eine Zugabe? Schau mal in die Faschingkiste, ob sie zwei Bühnenoutfits parat hält. Mit der Indianerfeder auf dem Kopf und dem Popcorn-Kleid tanzt es sich noch besser.

2) Stille Post

Du magst nicht glauben, welche Begeisterung eine Papprolle bei Baby auslösen kann. Natürlich mit den richtigen Geräuschen. Die Papprolle hältst du an Babys Ohr und flüsterst ihm Sachen zu – stille Post wird dir ja ein Begriff sein. Der Inhalt der Wörter zählt bisweilen weniger. Lustige Geräusche umso mehr. Wie wäre es mit dem zuletzt gesprochenen Wort deines Nachwuchses „Öröööö"? Er wird in volle Begeisterung ausbrechen und sich fragen, ob sich ein Elefant hinter dem Schrank versteckt.

3) Tierische Bilder

- Mache deinen Finger zu einer surrenden Fliege und lasse diese auf deiner Nase und dann auf derjenigen des Babys landen. Scheuche die imaginäre Fliege wieder weg, begleitet mit entsprechenden Geräuschen. Noch besser mit aufgeklebtem „Flügelpaar" auf dem Fingernagel.

- Für die spätere Stunde bedienst du dich Schattenbildern. Lasse Hasen und Schweine über die Wand tanzen. Zu den Schatten lässt du die Tiere falsche Geräusche machen. Wie wäre es mit einem bellenden Hasen und einem zwitschernden Schwein? Du hast dir bei dem Versuch, ein Schwein zu formen, fast die Finger gebrochen? Dann kaufe lieber für das nächste Mal eine Taschenlampe mit bereits integrierten Bildern. So kannst du all deine Kreativität in die tierische Geräuschkulisse investieren.

4) Auf Verfolgungsjagd

Krame das Lieblingskuscheltier hervor und lasse es auf das Baby los. Denn sein Stoffkumpane hat es zum Fressen gerne. Will Baby lachend davonkommen, verfolge es. Versteckt es sich hinter der Couch? Lasse das Stofflama sich hinterrücks anschleichen und jage Baby einen Schrecken ein. Übertreibe es nicht. Nach diesem Spiel hat mein Nachwuchs für eine Woche weder seinem Stofflama noch mir in die Augen blicken können. Willst du der Gefahr aus dem Weg gehen, befestige einen Luftballon am Kuscheltier, sodass Baby immer rechtzeitig entkommen kann.

5) Papas problematisches Leben

- Du setzt dich neben Baby und fängst an, dein Essen auf die Gabel zu nehmen. Aber irgendwie bist du heute so tollpatschig, und zack ... der Kartoffelbrei landet auf dem Boden. Währenddessen schneidest du eine erstaunte Grimasse und fragst Baby, was denn heute mit dir los sei. Wenn Baby anfängt, dich auszulachen, landet eine Gabel Kartoffelpü nach der anderen auf dem Boden. Du kommst so richtig in Schwung – die Genehmigung deiner Partnerin vorausgesetzt natürlich. Ich will für keine Streitigkeiten sorgen!

Babys werden zu Überfliegern

Auf der einen Seite ist es ein genüsslicher Anblick, beim Betreten des Restaurants die verängstigten Gesichter zu sehen, oder? Fühl dich nicht schlecht, wenn du das genießt. Und fühl dich noch besser, beim nächsten Betreten eines Flugzeuges – inklusive neuem Familienzuwachs natürlich. Das musst du einfach erlebt haben, wie manche Passagiere bestürzt auf eure Gegenwart reagieren! Du erregst mit Baby Aufsehen beim Einsteigen und erst recht beim Hin- und Herlaufen mit Baby auf dem Mittelgang im Flugzeug. Das lässt sich in die Länge ziehen für eine Maximierung der Ergötzung. Und noch mehr durch eine einstudierte Singeinlage deines Nachwuchses. Diese Erfahrung wurde mir und etlichen Insassen auf einem langen Flug von Amsterdam nach Toronto zuteil, als erwähnter junger Fluggast plötzlich den „Gummibärenbande-Song" zum Besten gab. Nicht nur einmal! In Dauerschleife und allen Tonlagen. Nach einer Weile wollten die meisten Passagiere nichts mehr über die lustigen Abenteuer des Bärchenbarons Igzorn von Drekmore hören und fingen an, Beschwerden an mich zu richten. Da ich dem Ganzen kein Ende bereiten wollte, beendete letztendlich der Copilot die Performance des kleinen Stars, indem er mit einer außerplanmäßigen Zwischenlandung drohte.

Insgeheim wünschst du dir natürlich, dass dein Baby ruhig bleibt während des Fluges (oder auch nicht?!). Dafür gibt es einige Vorgehensweisen:

1) Sorgsam gewählte Sitzplätze

Kleinkinder haben grundsätzlich keinen Anspruch auf einen Sitzplatz. Dafür ist der Schoß der Eltern gedacht. Um dennoch die Sicherheit beim Schlafen zu gewährleisten, frag das Bordpersonal nach einem „Loop Belt". Das sind Gurte, die sich im Handumdrehen mit dem eigenen Gurt verbinden lassen. Einige Airlines bieten alternativ einen Babykorb in der ersten Reihe nach der Bordwand an. Durch ein kurzes Telefonat mit der Airline kannst du diesen reservieren. Durch eine Extraportion an Beinfreiheit in dieser Reihe lässt sich zudem erheblich die Gefahr reduzieren, dass durch die Gegend geworfenes Spielzeug auf Sitzplätzen fremder Passagiere oder in deren Gesichtern landet.

Auch in der Nähe der Bordtoilette gibt es mitunter Sitzplätze mit mehr Bewegungsraum. Dazu habt ihr durch die permanent vorbeikommenden Nutzer einen Unterhaltungsfaktor für euer Baby. Immer wenn die Tür aufgeht, kann man einen Blick hineinwerfen. Begleitet ein strenger Geruch die aufgehende Tür, ist Zeit für eine passende Grimasse. Etwas Anstand darf natürlich verlangt werden. Erst, wenn der Passagier euch den Rücken zukehrt.

2) Babys Schlaf wahrscheinlicher machen

Das Ziel ist, das Baby vor Besteigen der Maschine müde zu machen, damit es während des Fluges lange schläft. Oder den Reisezeitpunkt mit Bedacht wählen und bestenfalls zu den typischen Schlafzeiten fliegen, was sich bei Langstreckenflügen, die mehr als fünf Stunden dauern, natürlich als schwierig erweist. Vielleicht splittet ihr den langen Flug in zwei Teile auf und gebt dem Baby und euch Zeit, um die Beine zu vertreten und ihm erneut die Energie zu rauben? Ist die Flugauswahl eh schon limitiert, achtet ihr darauf, frühzeitig am Flughafen anzukommen, und nutzt die verbleibende Zeit, um Baby sich in Hallen und Warteräumen nach Kräften bewegen zu lassen. Manche Flughäfen haben sogar Kinderspielplätze für diesen Zweck. Ihr checkt als Letzte ein, sonst quengelt das Baby bereits, bevor die Maschine sich das erste Mal in Bewegung setzt. Da das Boarding eines großen Flugzeugs mehr als eine Stunde dauern kann, verzichtet auf das Vorrecht, als Familie mit Baby als Erste einsteigen zu dürfen.

3) Verpflegung an Bord

Für den Druckaufbau beim Starten und Landen unbedingt den Schnuller parat halten. Alternativ wenn Hunger da ist, schafft auch das Stillen Abhilfe. Ausreichend Wechselkleidung und Windeln müssen natürlich auch mit an Bord. Feucht- und Reinigungstücher inklusive. Falls deine Partnerin nicht stillt, musst du für Babys Mahlzeiten sorgen. Kein Sitzplatz bedeutet auch keine Mahlzeit! Gute Nachrichten: Die Babynahrung unterliegt nicht den strengen EU-Handgepäckbestimmungen, weshalb Behälter mit Babynahrung, die größer als 100 ml sind, problemlos mitgeführt werden dürfen.

Die meisten Babymahlzeiten sind verzehrfertig, weshalb du dir über das Erwärmen keine Sorgen machen musst. Mit Milch sieht es anders aus. Diese sollte frisch verzehrt und zubereitet werden. Mein Tipp: Da du keine große Thermoskanne mit heißem Wasser durch die Sicherheitskontrolle bekommst, einmal das Bordpersonal freundlich bitten, genügend Wasser aufzukochen, und du hast den ganzen Flug vorgesorgt. Erfahrungsgemäß ist jedes Bordpersonal sehr bemüht, den Nachwuchs bei Laune zu halten.

Da es im Flieger große Temperaturschwankungen gibt, muss auf ausreichend warme Kleidung geachtet werden. Am besten du kleidest Baby im Zwiebellook. Zwar bieten Flieger auch Decken für jeden Passagier an, aber Baby bevorzugt sicherlich in fremden Gebieten seine Lieblingsdecke mit eigenem Geruch.

4) Windelwechseln in luftiger Höhe

Wo die Windel wechseln? Der erste Gedanke eines frischgebackenen Vaters und nicht verwunderlich, blickst du auf den bereits durchgestandenen Windelwechselmarathon der vergangenen Monate zurück. Mittlerweile bieten fast alle Flugzeuge einen Wickeltisch in den Waschräumen an. Stelle dir kein extra Bein in den Weg und achte auf wickelfreundliche Kleidung – Stoffhosen mit Gummibund sollten Latzhosen oder Stücken mit einer Vielzahl an Knöpfen den Vorrang gewähren. Meistens sind die Wickeltische in der Bordtoilette für Babys bis zu sieben oder acht Monaten völlig ausreichend. Danach ist ein Liegen unmöglich und es muss im Sitzen oder Stehen vonstattengehen. Achtung: Beine breit, damit du einen sicheren Stand hast. Im Sitzen fallen einem die Turbulenzen kaum auf, aber beim Windelwechseln umso mehr. Da die Bordtoilette euch kaum Platz bietet, kann das Kind wenigstens nicht herunterfallen. Inspiziert vorher aber einen Ort, wo ihr euch notfalls schnell festhalten könnt.

Gibt es keine Möglichkeit zu wickeln, fragt das Personal nach einer Lösung. Meist gibt es kleine Räume, wo die Flugbegleiter sich ausruhen. Dort könnt ihr kurz ungestört die Windel wechseln und müsst nicht die anderen Flugpassagiere mit dem Anblick und Gestank einer vollen Windel belästigen.

5) Immer mal wieder Spielsachen anbieten

Nicht nur euch wird schnell langweilig im Flugzeug. Faszinieren bunte Bilder euer Baby, sucht ihr einen kinderfreundlichen Film aus und bietet dem Nachwuchs aufopferungsvoll die eigenen Kopfhörer an, um den Film mit all seinen Sinnen mitverfolgen zu können. Testest vorher unbedingt die Lautstärke der Kopfhörer.

Ausmalbilder, die Boardingkarte, Pfeifenreiniger, Klebestreifen, kleine Schachteln – alles Gegenstände, die euch ein paar Minuten Ablenkung bereiten. Oder ihr kauft vorher ein oder zwei neue Spielzeuge ein. Manchmal bieten die Airlines dem Nachwuchs sogar kleine Spieltüten für das Entertainment an. Oder das Lieblingsbuch? Will Baby mal etwas Neues vor die Linse bekommen, man mag es kaum glauben, können die Kleinen sich stundenlang mit den langweiligen Bordmagazinen beschäftigen. Gar die Sicherheitshinweise können ihre Aufmerksamkeit rauben. Wenigstens einer, der die Lektüre zu schätzen weiß.

6) Fluggäste zur Bespaßung deines Babys hinzuziehen

Bringe dein Baby in die Nähe anderer Flugzeuginsassen, die sich nicht bemühen, krampfhaft wegzuschauen, und schau, ob jemand mit Baby interagieren möchte. Das wird dann über ein Lächeln zu erkennen sein und der Fluggast wird vielleicht in merkwürdige Laute verfallen. Tja, nicht jeder hat deine Erfahrung in Babysprache. Gib dem oder der Fremden – sofern er oder sie vertrauenerweckend aussieht – Gelegenheit, dir etwas Last abzunehmen und die Unterhaltung des Babys zu übernehmen. Dein Baby wird durch freundliches Zureden davon überzeugt, dass Papa seine Zustimmung dazu gegeben hat. Wenn die Begegnung entspannt und fröhlich geschieht, stehen vielleicht bald andere Schlange, um Babys Bekanntschaft zu schließen. Wohlwollend überwachst du aus der Ferne den Veränderungsprozess der Leute durch den kleinen Racker.

7) Babysitz mitnehmen

Die wenigsten Airlines werden etwas dagegen einwenden, dass du Kinderwagen und einen Kindersitz mit ins Flugzeug nimmst. Der Sitz kann auch zum Festschnallen in der Passagierkabine, während Start und Landung, eingesetzt werden. Zum Herumwuchten des Equipments ist es zweckdienlich, jemanden dabeizuhaben, der auf dem Flughafen mithilft und euch bis vor die Abfertigung begleitet. Oder eben von der Empfangshalle bis zum Wagen nach der Ankunft.

Mit Baby im Hotel

Wider Erwarten ist es kein Horror, mit deinem Baby in einem Hotel einzukehren – ganz im Gegenteil. Solche mit langen Zimmerfluren sind die eindeutigen Favoriten eines unternehmungslustigen Babys. Diese ungewohnten Hotelflure sind für Kinder im Alter von zehn bis zwölf Monaten so interessant wie alte verlassene Industrieanlagen für die alternative Partyszene. Der Boden mit dem dicken Teppich federt jeden Sturz ab, die glatten Wände gestatten es, sich daran weit voranzuarbeiten.

Für dich als Vater ist ein Hotel eine wohltuende Erfahrung, da es hier zur Abwechslung mal nicht deine Einrichtung ist, die unter Babys Ungezwungenheit zu leiden hat. Zwei Dinge sind jedoch zu beachten: Schlafumstände und die Sicherheitsfrage.

1) Schlafumstände im Hotel

   Zwar wirst du in vielen Hotels auf Anfrage ein Babybettchen zur Verfügung gestellt bekommen, aber erwarte nicht zu viel davon: Sie sind nicht solide und nicht gewartet, ihre Matratzen zeigen die Nachwirkungen vieler Babys. Da ist es gleich besser, die eigene Krippe mitzubringen und, falls nötig, das Baby schon vorher darin schlafen zu lassen, sodass es daran gewöhnt ist.

   Nimm ein paar Vorrichtungen vor, um die Sicht von Babys Schlafplatz auf euer Bett zu verbauen. Das können Stühle sein mit aufgehängten Handtüchern oder Bettwäsche auf einer Leine dazwischen. Sieht dich das Baby in der Nacht, wenn es aufwacht, wird es davon abgehalten, von alleine wieder einzuschlafen.

   Wechselseitig könnt ihr euch Auszeiten einräumen. Einer hält die Aufsicht im Zimmer, während der andere sich „freinimmt" und mal in die Hotelbar geht. Auf dem Zimmer kannst du alleine Musik hören, dich einem Buch widmen, mit dem Smartphone surfen oder zusammen mit Baby zur Freude deiner Kreditkarte und Partnerin die Minibar plündern? Oder aber ihr lasst euer Baby in Ruhe schlafen und geht mit dem Babyfon am Ohr gemeinsam an die richtige Hotelbar.

Möglicherweise muss das Hotelzimmer etwas umgerüstet werden, um optimale Schlafbedingungen nach eurer Art zu bieten. Mit den Hosenklemmer-Kleiderbügeln im Schrank kannst du die Vorhänge verlässlich zumachen. Das weiße Rauschen als Einschlafhilfe für euer Baby wird wie gewohnt mit dem Fernseher erzeugt, wozu wahrscheinlich das Antennenkabel von seiner Rückseite abgezogen werden muss. Dazu wird ein Tuch über die Vorderseite gehängt, um die Lichtemission zu dämpfen.

2) Safety First

Check und Einrichtung des Hotelzimmers auf Babysicherheit können schnell über die Bühne gehen, im Vergleich zu den Bemühungen zuhause, und die vorgenommenen Maßnahmen haben Provisorien zu sein, um beim Auszug wieder leicht entfernt werden zu können. Dass euch das Hotel selbst einen Bausatz für die Kindersicherung zur Verfügung stellt oder gar den Raum präpariert, dürfte Seltenheitswert haben. Nicht schlimm, du brauchst weniger als fünf Minuten dafür und brauchst lediglich genug Isolierband und etwas Schaumstoff oder Textilien.

Mit dem Iso-Klebeband werden Steckdosen, Schubladen und Minibar gesichert gegen Hineingreifen bzw. Öffnen. Möbelkanten werden entschärft. Du kannst dich auf solche Kanten beschränken, die sich auf Babyhöhe befinden. Die Balkontür gehört zusätzlich immer verschlossen.

Schneller Stopp des Tatendrangs

Babys, die wir fast nicht mehr so nennen mögen, weil sie nun fast Einjährige sind, laufen oder rennen bereits, was die Beine hergeben. Der Porzellanladen, die schräg abfallende Kellertreppe und menschenüberlaufene Marktplätze machen ihnen keine Angst (dir aber vor allem die sündhaft teuren Preise des Porzellans). Kollisionsgefahren und die Einschätzung einer Geschwindigkeit, etwa von Zweirädern auf Gegenkurs, kennen sie nicht. Einerseits bewunderst du diesen Entdeckerdrang, andererseits musst du ihn als besorgtes Elternteil fürchten. Da braucht es mal einen schnellen Griff, um ein Ausbüchsen zu verhindern. Was liegt näher, als Kleidung am Baby zu verwenden, die sich greifen lässt?

Solche sind:

- Hoodies (Sweater mit Kapuze)

- Latzhosen/Regenanzüge

- Hosenträger

- alles, was (Gürtel-)Schlaufen besitzt

- Onesies

Dein Baby wird ein Jahr alt

*

Meilenstein erster Geburtstag

Der erste Geburtstag klopft an! Hier sind zwei unterschiedliche Reaktionen von Eltern zu beobachten. Während die einen aufgeregt ihre Lieblingskonditorei Wochen zuvor telefonisch kontaktieren und die Sahnetorte in sämtlichen Regenbogenfarben inklusive Aufschrift bestellen, fragen die anderen sich, ob Torte und Party überhaupt Erinnerungsfetzen bei Baby zurücklassen werden. Also, was machen?

Für den Fall, dass du dich für eine Party entscheidest:

- Lasse die Feier nicht zu groß ausfallen. Gerade wenn Baby zu einem introvertierten Charakter tendiert. Es hat schon genug mit dem Geburtstagstrubel zu verarbeiten. Beschränke es auf die nahen Verwandten.

- Halte Baby nicht von seinem gewohnten Schlafrhythmus ab. Sprich, setze die Party vor oder nach dem üblichen Mittagsschläfchen an. Der Trubel wird Baby vom Schlafen abhalten. Und in welcher Laune bist du, wenn jemand dich vom Schlafen abhält? Seine Reaktion fällt mindestens dreimal stärker und lauter aus, und das willst du keinen Partygästen antun.

- Halte die Zeit im Blick. Die Geburtstagsparty muss nicht den ganzen Tag in Anspruch nehmen. Zwei bis drei Stunden sind völlig ausreichend und überstrapazieren weder die Nerven von euch noch vom Baby. So geht jeder mit der Erinnerung eines freudestrahlendes Geburtstagskindes nach Hause.

Hast du ordentlich Geld zu verbraten für die Feier, richte dich mit dem Aufwand nach deinen erwachsenen Gästen und weniger nach deinem Baby. Man wird aus einem Erwartungsgefühl heraus anwesend sein und möchte erleben, dass die Anwesenheit gebührend honoriert wird. Du schmeichelst ihnen, damit sie auch beim zweiten Geburtstag auftauchen, indem du:

– ihnen zu verstehen gibst, dass keine materiellen Geschenke erwartet werden, da dein Haushalt sowieso schon von Baby-Spielzeugplunder überläuft. Baby freut sich ganz besonders über einen Spielenachmittag mit der Tante oder eine Pyjamaparty bei den Großeltern. Schöne Erinnerungsfetzen für alle Beteiligten und freie Zeit für die Eltern sind das Ergebnis.

– für die geeignete Partymusik sorgst. Da Musik für das richtige Ambiente eine gewisse Lautstärke haben muss, schreibst du auf die Einladung, dass das Mitbringen von Bluetooth-Kopfhörern erwünscht ist. Zuhause stellst du lediglich zwei Laptops zum Verknüpfen auf. Was mögen deine Partygäste? Rock und etwas Elektronisches? Nun kann der Opa mit den alten Rockklassikern in voll aufgedrehter Lautstärke mit seinem Enkel auf dem Arm durch die Gegend tanzen, ohne beim Baby eine Reizüberflutung auszulösen.

– eine Fotobox aufstellst. Die übergroße XXL-Sonnenbrille für die Mama, der Papierschnurrbart für Baby und die Hasenohren für dich. So sorgst du spielend einfach für den richtigen Unterhaltungsfaktor der Partygäste und gibst jedem eine nette Erinnerung für den Kühlschrank mit nach Hause.

– ansprechende Speisen und Getränke aufbietest. Ein Kuchen darf nicht fehlen, das ist klar. Erfahrungsgemäß animiert dieser den

Nachwuchs mehr zum Matschen und Durch-die-Gegend-Werfen als ein angemessenes Verzehren. Gönne ihm trotzdem ein Stück und lasse ihn zugleich die Gäste bespaßen. Ein Bierchen oder Glas Wein rundet den Spaß ab. Da Baby bereits gelernt hat, aus dem Becher zu trinken, wird mit ihm einmal reihum auf ein weiteres atemraubendes Jahr angestoßen: „Werde größer, wachse weiter, bleibe fröhlich und stets heiter!"

Nachwort

Ich darf dich beglückwünschen. Das erste Jahr deiner Vaterschaft hast du mit Bravour und diesem Ratgeber gemeistert. Ich hoffe, dass dir so mancher Fehler und so manche Zumutung dank der gesammelten Tipps und Empfehlungen erspart geblieben sind. Unabhängig davon bleibt zu hoffen, dass die Lektüre für dich unterhaltsam und humorvoll war und auch deinem Baby, nun zum Kleinkind befördert, den einen oder anderen lustigen Moment eingebracht hat.

Du hast sicher schon gemerkt, dass der ein oder andere Tipp nicht immer ganz so ernst gemeint war, dafür viele andere aber seit Generationen weitergegeben werden und bestens funktionieren.

Man möchte mit der Frage enden: auf ein Neues? Wann wird's Zeit für Baby Nummer 2?

Impressum

4. Auflage 2021
Florian Deppermann
Konrad-Struve-Straße 8
25336 Elmshorn

floriandeppermann@outlook.com

Verantwortlich für den Druck:
Amazon Distribution GmbH, Leipzig

Printed in Poland
by Amazon Fulfillment
Poland Sp. z o.o., Wrocław